読《よ》み書《か》きが苦手《にがて》な子《こ》を見守《みまも》るあなたへ

発達性《はったつせい》読《よ》み書《か》き障害《しょうがい》のぼくが父《ちち》になるまで

発達性《はったつせい》
読《よ》み書《か》き障害《しょうがい》とは
「文字《もじ》」を読《よ》んだり
書《か》いたりするのが
苦手《にがて》な障害《しょうがい》です
ふと顔《かお》を見上《みあ》げて
周《まわ》りを見渡《みわた》すと
止まれ
STOP
一方通
新宿
東京
普通
工事中
Sale!
OPEN
menu
・ケーキセット
・ホットケーキ
ドリンク付
わぁ〜
いたるところに
「文字《もじ》」はあります
その文字《もじ》が
「敵《てき》」に見《み》える
それって
結構《けっこう》しんどい
ですよね
僕《ぼく》はこの障害《しょうがい》の当事者《とうじしゃ》です
関口《せきぐち》です

ひらがな、カタカナ、漢字《かんじ》の音読《おんどく》・書字障害《しょじしょうがい》の出現率《しゅつげんりつ》

	読《よ》み(音読《おんどく》)	書字《しょじ》
ひらがな	0.2％	1.6％
カタカナ	1.4％	3.8％
漢字《かんじ》	6.9％	6.0％

*500人規模《にんきぼ》の小学校《しょうがっこう》での調査《ちょうさ》の結果《けっか》(Uno et al,2009)

文字《もじ》の形《かたち》が整《ととの》わない…などは別《べつ》の問題《もんだい》である可能性《かのうせい》があり
発達性《はったつせい》読《よ》み書《か》き障害《しょうがい》であるとは言《い》えません
字《じ》が浮《う》いたり動《うご》いて見《み》える…という人《ひと》もいますが
〃文字〃
〃モジ〃
それも発達性《はったつせい》読《よ》み書《か》き障害《しょうがい》の症状《しょうじょう》ではありません
「どう見《み》えるのか」と聞《き》かれ「なんとなくそう答《こた》えた」という証言《しょうげん》もあったり
イメージだけが広《ひろ》がっていて正《ただ》しい情報《じょうほう》はまだまだ認知《にんち》されていません

みなさんがお子《こ》さんの
困《こま》り感《かん》を捉《とら》えるにあたり
参考《さんこう》になることがあれば幸《さいわ》いです

人物紹介《じんぶつしょうかい》

関口裕昭《せきぐちひろあき》

発達性読《はったつせいよ》み書《か》き障害《しょうがい》の当事者《とうじしゃ》であり、子《こ》どもと関《かか》わる言語聴覚士《げんごちょうかくし》。

読《よ》み書《か》きが苦手《にがて》な方《かた》が生《い》きやすい社会《しゃかい》を目指《めざ》し、啓蒙活動《けいもうかつどう》を10年以上続《ねんいじょうつづ》けている。育児《いくじ》と仕事《しごと》の両立《りょうりつ》に奮闘中《ふんとうちゅう》のパパでもある。

宇野彰《うのあきら》：監修《かんしゅう》

NPO法人《エヌピーオーほうじん》 LD《エルディー》・Dyslexia《ディスレクシア》センター理事長《りじちょう》、元筑波大学教授《もとつくばだいがくきょうじゅ》。

医学博士《いがくはくし》。言語聴覚士《げんごちょうかくし》。

日本語の発達性読《はったつせいよ》み書《か》き障害《しょうがい》の臨床《りんしょう》や研究《けんきゅう》における第一人者《だいいちにんしゃ》であり、読《よ》み書《か》きが困難《こんなん》な子《こ》どもたちの指導《しどう》をするかたわら、指導《しどう》ができる先生《せんせい》を増《ふ》やすために尽力《じんりょく》している。

千葉《ちば》リョウコ：マンガ・イラスト

漫画家《まんがか》。千葉県在住《ちばけんざいじゅう》。長男《ちょうなん》と長女《ちょうじょ》のふたりが「発達性読《はったつせいよ》み書《か》き障害《しょうがい》」と判定《はんてい》され、ふたりを「ひとり立《だ》ち」させることを目指《めざ》し、それぞれの性格《せいかく》や症状《しょうじょう》にあったサポートをすべく奮闘《ふんとう》。

千葉《ちば》フユ

小学《しょうがく》6年生《ねんせい》で発達性読《はったつせいよ》み書《か》き障害《しょうがい》と判定《はんてい》され、高校《こうこう》3年生《ねんせい》までトレーニングを受《う》ける。専門学校《せんもんがっこう》を卒業後《そつぎょうご》、社会人《しゃかいじん》となり、現在《げんざい》は働《はたら》きながらひとり暮《ぐ》らしをしている。

千葉《ちば》ナツ

中学《ちゅうがく》2年生《ねんせい》で英語《えいご》をきっかけに発達性読《はったつせいよ》み書《か》き障害《しょうがい》と判定《はんてい》される。現在《げんざい》は実家《じっか》で暮《く》らしながら、フリーのイラストレーターとして活動中《かつどうちゅう》。

目次《もくじ》

はじめに

あなたは今《いま》、文字《もじ》を読《よ》みましたね？

文字《もじ》を読《よ》み書《か》きできるのは当《あ》たり前《まえ》のことだと思《おも》っていませんか。

はじめまして、関口裕昭《せきぐちひろあき》と申《もう》します。

言語聴覚士《げんごちょうかくし》として子《こ》どもと関《かか》わる仕事《しごと》をしている、発達性読《はったつせいよ》み書《か》き障害《しょうがい》の当事者《とうじしゃ》です。

発達性読《はったつせいよ》み書《か》き障害《しょうがい》のことを四六時中《しろくじちゅう》考《かんが》えている（考《かんが》えざるを得《え》ない？）人《ひと》なんだなあ、と思《おも》っていただけると嬉《うれ》しいです。仕事《しごと》の傍《かたわ》ら、講演会《こうえんかい》や啓蒙活動《けいもうかつどう》をしています。


この本《ほん》を手《て》に取《と》ってくださっている方《かた》は、おそらく読《よ》み書《か》きが苦手《にがて》なお子《こ》さんがいらっしゃる保護者《ほごしゃ》の方《かた》や、そういったお子《こ》さんを指導《しどう》している先生方《せんせいがた》が多《おお》いかと思《おも》います。お子《こ》さんが療育《りょういく》や病院《びょういん》に通《かよ》われているなど、言語聴覚士《げんごちょうかくし》の仕事内容《しごとないよう》をご存《ぞん》じの場合《ばあい》は、「読《よ》み書《か》きが苦手《にがて》なのに、どうして言語聴覚士《げんごちょうかくし》として働《はたら》けているのか」と疑問《ぎもん》に思《おも》われるかもしれません。言語聴覚士《げんごちょうかくし》の仕事《しごと》の中《なか》には、担当《たんとう》のお子《こ》さんの記録《きろく》を読《よ》む、計画書《けいかくしょ》や報告書《ほうこくしょ》を作成《さくせい》するなど、読《よ》み書《か》きのスキルが必要《ひつよう》なものがたくさんあります。

トレーニングや成長《せいちょう》によって、読《よ》み書《か》きが難《なん》なくできるようになったのか？

残念《ざんねん》ながら、そうではありません。

最初《さいしょ》に申《もう》し上《あ》げますと、本書《ほんしょ》は「読《よ》み書《か》きができるようになる」本《ほん》ではありません。読《よ》み書《か》きが苦手《にがて》な僕《ぼく》が、今《いま》どのような生活《せいかつ》をしていて、かつて学校生活《がっこうせいかつ》でどういったことで苦《くる》しんだのか。保護者《ほごしゃ》や先生《せんせい》、まわりの人《ひと》たちにどんなサポートをしてもらいたかったか。また、実際《じっさい》にサポートしてもらえて嬉《うれ》しかったことは何《なに》かを、自身《じしん》の体験《たいけん》を軸《じく》にまとめた本《ほん》です。

これらはすべて、発達性読《はったつせいよ》み書《か》き障害《しょうがい》のひとつの事例《じれい》、ひとりの考《かんが》えであり、「みんなこうしたほうがいい」ということではありません。僕《ぼく》にとって嬉《うれ》しかったこと、役立《やくだ》ったことが、あなたが関《かか》わるお子《こ》さんに役立《やくだ》つかはわかりません。

ただ、事例《じれい》は考《かんが》え方《かた》のヒントになるはずです。

できればいろんな人《ひと》の話《はなし》を聞《き》き、その中《なか》からお子《こ》さんに合《あ》いそうなところを抜《ぬ》き出《だ》して、アレンジしながら使《つか》ってみてください。

僕自身《ぼくじしん》、周囲《しゅうい》から「いろんなこと」を提案《ていあん》してもらいました。どれも僕《ぼく》のためを思《おも》って、「こうすればきっと今《いま》よりよくなる」と考《かんが》え、提案《ていあん》してくださったのだと思《おも》います。

提案《ていあん》の中《なか》には、やってみたものもありましたし、最初《さいしょ》からやらなかったものもあります。いいかもと思《おも》ってやってみたものの、結局《けっきょく》は合《あ》わずにやめたものもあります。

その上《うえ》で僕《ぼく》が言《い》えることは、「これをやれば絶対《ぜったい》にうまくいく」と言《い》えるものはないということです。

うまくいかないこともたくさんあります。だから、合《あ》わないな、やりたくないなと思《おも》ったらやらなくても大丈夫《だいじょうぶ》です。試《ため》してみてダメだったら次《つぎ》へいっていいんです。

それに、年齢《ねんれい》によって悩《なや》みは変《か》わり、より複雑《ふくざつ》になっていきます。

小学生《しょうがくせい》のときに試《ため》してみてうまくいったものも、中学生《ちゅうがくせい》になったらうまくいかないかもしれない。高校生《こうこうせい》になったら、大人《おとな》になったら、また違《ちが》うやり方《かた》がよかったりもします。「今《いま》」のお子《こ》さんには使《つか》えないけれど、将来《しょうらい》使《つか》えるものもあるかもしれません。

困《こま》っているときは、すぐに「正解《せいかい》」がほしくなりますよね。その気持《きも》ちはとてもよくわかります。僕《ぼく》もずっと、その「正解《せいかい》」を探《さが》してきました。僕自身《ぼくじしん》の読《よ》み書《か》きについてはもちろんのこと、言語聴覚士《げんごちょうかくし》としてさまざまなお子《こ》さんの困《こま》り感《かん》に寄《よ》り添《そ》う中《なか》で、その子《こ》にとっての「正解《せいかい》」はなんだろう？　と。

その結果《けっか》、たったひとつの「正解《せいかい》」はないという答《こた》えにたどりつきました。保護者《ほごしゃ》のみなさんはきっと、子《こ》どもにとってよい効果《こうか》が得《え》られそうなことがあれば、なんでもやってみたい、やらせたい、やってほしいと思《おも》うことでしょう。その親心《おやごころ》は、子《こ》を想《おも》うものでありながら、時《とき》には子《こ》どもを追《お》いつめることもあります。

どんなによさそうなものであっても、子《こ》どもに押《お》しつけることだけはしないでいただきたいと思《おも》います。

「こういう人《ひと》もいるみたいだよ」

「こんなやり方《かた》もあるんだって」

と、選択肢《せんたくし》がいくつもあることをぜひ教《おし》えてあげてください。

きっとそれが、お子《こ》さんたちが未来《みらい》を切《き》りひらく力《ちから》になります。

この本《ほん》から得《え》られたヒントが、みなさんにとって、子《こ》どもたちにとってお役《やく》に立《た》てば何《なに》よりです。

関口裕昭《せきぐちひろあき》

第《だい》1章《しょう》

「今《いま》」の生《せい》活《かつ》——大人《おとな》になったら困《こま》り感《かん》はどうなるの？

1．働《はたら》く中《なか》で、読《よ》み書《か》きの困《こま》り感《かん》はないの？

僕《ぼく》は今《いま》、言語聴覚士《げんごちょうかくし》として療育《りょういく》センターで働《はたら》いています。

この本《ほん》を読《よ》んでいるみなさんにとって、お子《こ》さんが将来《しょうらい》ひとりで働《はたら》いて生活《せいかつ》できるのかというのは、大《おお》きな心配事《しんぱいごと》のひとつだと思《おも》います。

そこで、まずはじめに僕《ぼく》の今《いま》の生活《せいかつ》についてお話《はな》ししていきます。

僕《ぼく》の働《はたら》く療育《りょういく》センターでの言語聴覚士《げんごちょうかくし》の仕事内容《しごとないよう》は、2～5歳《さい》の個別療育《こべつりょういく》およびクラス療育《りょういく》、保育所等訪問事業《ほいくしょとうほうもんじぎょう》、小学生《しょうがくせい》を対象《たいしょう》とした放課後《ほうかご》等デイサービスなど。

言語聴覚士《げんごちょうかくし》は、それぞれのお子《こ》さんの支援内容《しえんないよう》を考《かんが》え、計画《けいかく》を立《た》てて実施《じっし》からふり返《かえ》りまでを行《おこな》います。

その中《なか》には、計画書《けいかくしょ》、報告書《ほうこくしょ》、意見書《いけんしょ》、学校《がっこう》への申《もう》し送《おく》り書《しょ》といったさまざまな書類《しょるい》の作成《さくせい》や、会議《かいぎ》に必要《ひつよう》な書類《しょるい》を読《よ》む、会議《かいぎ》での説明《せつめい》や意見交換《いけんこうかん》なども入《はい》っています。

つまり、「読《よ》み書《か》きが必要《ひつよう》な場面《ばめん》が多《おお》い仕事《しごと》」であるといえます。

発達性読《はったつせいよ》み書《か》き障害《しょうがい》でありながらこういった職《しょく》につき、講演会《こうえんかい》でお話《はな》ししているとよく訊《たず》ねられるのが、日常生活《にちじょうせいかつ》や働《はたら》く中《なか》で「困《こま》り感《かん》はないのか」ということです。

僕《ぼく》は、まったく読《よ》めない／まったく書《か》けないわけではありませんが、困《こま》り感《かん》があるのかないのかでいえば、大《おお》いにあります。

読《よ》みにおいては、文章《ぶんしょう》の音読《おんどく》・黙読《もくどく》が遅《おそ》く、文字《もじ》に対応《たいおう》する音《おと》がぱっと出《で》てきません。読《よ》み間違《まちが》えることもたびたびあります。声《こえ》に出《だ》して音読《おんどく》すると、読《よ》むことに必死《ひっし》になるため内容《ないよう》が頭《あたま》に入《はい》ってきません。

「さ」という文字《もじ》を見《み》て、「sa」という音《おと》を頭《あたま》に思《おも》い浮《う》かべ、口《くち》に出《だ》すこと。そして「さかな」という文字列《もじれつ》を見《み》て、「sakana」という音《おと》を思《おも》い浮《う》かべることは、おそらくみなさんにとっては自然《しぜん》なことであり、音《おと》を頭《あたま》に思《おも》い浮《う》かべないほうが難《むずか》しいくらいのことではないかと思《おも》います。

しかし、僕《ぼく》にとっては暗号《あんごう》を読《よ》み解《と》いているような感覚《かんかく》なのです。

これは高校時代《こうこうじだい》に検査《けんさ》をして、読《よ》み書《か》きが「小《しょう》2レベル」といわれた頃《ころ》から今《いま》も変《か》わらない感覚《かんかく》です。

すらすらと読《よ》めない暗号文《あんごうぶん》をなんとか読《よ》み上《あ》げたあとには、どっと疲《つか》れが出《で》て眠《ねむ》たくなってしまいます。僕《ぼく》にとって「文字《もじ》を読《よ》む」というのは、それだけ集中《しゅうちゅう》しないとできない「難《むずか》しいこと」なのです。

講演会《こうえんかい》では、「発達性読《はったつせいよ》み書《か》き障害《しょうがい》の疑似体験《ぎじたいけん》」として、暗号《あんごう》を解《と》いてもらう体験《たいけん》を行《おこな》うことがあります。みなさんもぜひやってみてください。

お手元《てもと》のスマートフォンで30秒《びょう》のアラームをセットして、

①間違《まちが》えないように

②できるだけ速《はや》く

③意味《いみ》を理解《りかい》しながら

左《ひだり》のページの文章《ぶんしょう》を読《よ》み上《あ》げてください。

準備《じゅんび》はいいですか？

よーい、スタート！

ひさ○□△☆、
□○☆▼いあ▼△○▼。

○＝し　▼＝た　☆＝に　△＝り　□＝ぶ

いかがでしたか？

くすっと笑《わら》った人《ひと》は理解《りかい》しながら読《よ》めましたね。

文字《もじ》でそのまま書《か》かれている場合《ばあい》と同《おな》じように、間違《まちが》えずすらすらと読《よ》めましたか？

読《よ》みながら意味《いみ》はわかりましたか？　２、３回読《かいよ》み直《なお》しませんでしたか？

しっかり集中《しゅうちゅう》しないと読《よ》めないこと、読《よ》むだけで疲《つか》れてしまうこと、意味《いみ》がとりづらいことを身《み》をもって感《かん》じていただけたのではないでしょうか。

これが、僕《ぼく》にとっての「ふつうの文章《ぶんしょう》」を読《よ》むときに使《つか》う労力《ろうりょく》なのです。

（※補足《ほそく》：疑似体験《ぎじたいけん》のために作《つく》ったもので、実際《じっさい》は”〇＝し“と見《み》えているわけではありませんよ！）


さて、「読《よ》み」では文字《もじ》を見《み》て音《おと》を思《おも》い浮《う》かべるところからはじまるとお伝《つた》えしましたが、「書《か》き」においては、まず文字《もじ》の形《かたち》を想起《そうき》するところからはじまります。

これにもまた、人《ひと》の何倍《なんばい》もの時間《じかん》がかかります。

ひらがなの中《なか》には、比較的早《ひかくてきはや》く想起《そうき》できる文字《もじ》もあるのですが、僕《ぼく》の場合《ばあい》は、ひらがなのな行《ぎょう》、ま行《ぎょう》、濁音《だくおん》、拗音《ようおん》、促音《そくおん》、そしてカタカナ、漢字《かんじ》はどれも時間《じかん》がかかります。

『「うちの子《こ》は字《じ》が書《か》けないかも」と思《おも》ったら』より

余談《よだん》ですが、『「うちの子《こ》は字《じ》が書《か》けないかも」と思《おも》ったら』(宇野彰《うのあきら》、千葉《ちば》リョウコ/ポプラ社《しゃ》)という本《ほん》で、同《おな》じく発達性読《はったつせいよ》み書《か》き障害《しょうがい》のナツちゃんという子《こ》が〈「め」と「ぬ」とか「む」と「ね」みたいなくるんと丸《まる》まってる部分《ぶぶん》があるやつが迷《まよ》う〉と言《い》っており、僕《ぼく》もそうなので多《おお》くの人《ひと》に共通《きょうつう》する傾向《けいこう》なのかと宇野先生《うのせんせい》に訊《たず》ねたところ、データとして明《あき》らかになっているのは拗音《ようおん》と促音《そくおん》が苦手《にがて》ということだけだと教《おし》えていただきました。

さて、この「想起《そうき》するのに時間《じかん》がかかる」というものも、発達性読《はったつせいよ》み書《か》き障害《しょうがい》ではない人《ひと》にとっては感覚《かんかく》がわかりづらいかもしれません。

みなさんは「ひらがなでぱんだと書《か》いて」と言《い》われたら、1秒《びょう》とかからずぱっと頭《あたま》のなかに「ぱ」「ん」「だ」の文字《もじ》が思《おも》い浮《う》かぶのではないでしょうか?

1秒《びょう》どころか、聞《き》いた瞬間《しゅんかん》に脳内《のうない》に文字《もじ》が浮《う》かぶのかもしれません。

では、それに何秒《なんびょう》もかかることを想像《そうぞう》してみてください。

仮《かり》に5秒《びょう》としましょう。「ぱ」を思《おも》い出《だ》すのに5秒《びょう》。そして、思《おも》い出《だ》した文字《もじ》を書《か》く。次《つぎ》に「ん」を思《おも》い出《だ》すのに5秒《びょう》、「だ」を思《おも》い出《だ》すのに5秒《びょう》。

時計《とけい》を見《み》ながら、その時間《じかん》の経過《けいか》を感《かん》じてみてください。ずいぶんと長《なが》く感《かん》じるのではないでしょうか？

ぱんだと書《か》いて終《お》わりであればいいのですが、小学《しょうがく》1年生《ねんせい》の「先生《せんせい》あのね」からはじまる一行日記《いちぎょうにっき》であってもこれよりも書《か》く文字《もじ》は多《おお》いでしょう。

たとえばこれが、聞《き》いた文字《もじ》を次々《つぎつぎ》と書《か》くスピードを競《きそ》うゲームだとしたら、常《つね》にこのスピードでしか想起《そうき》できない人《ひと》は勝《か》てるでしょうか……？

僕《ぼく》は、どうしたって勝《か》てません。

さらにこれが、黒板《こくばん》を写《うつ》す「板書《ばんしょ》」になると、よりアクションが複雑《ふくざつ》になります。黒板《こくばん》に書《か》かれた文字《もじ》を書《か》き写《うつ》す際《さい》、僕《ぼく》たちは字《じ》の形《かたち》を見《み》てそのままを絵《え》のように模写《もしゃ》するのではなく、まず①文字《もじ》を読《よ》む（音《おと》を思《おも》い浮《う》かべる）、②読《よ》んだ文字《もじ》の音《おと》と形《かたち》を記憶《きおく》する、③音《おと》と形《かたち》の記憶《きおく》を元《もと》に文字《もじ》を想起《そうき》する、④ノートに書《か》くという流《なが》れをくり返《かえ》して行《おこな》います。このうちの①「文字《もじ》を読《よ》む、音《おと》を思《おも》い浮《う》かべる」がまず大変《たいへん》なので、②のステップまでなかなかたどりつかないのです。

そのため、小中高《しょうちゅうこう》と授業《じゅぎょう》の黒板《こくばん》を写《うつ》す作業《さぎょう》はずっと「負《ま》け確定《かくてい》のゲーム」のようでした（僕《ぼく》は学生時代《がくせいじだい》、だんだんと①～③のステップを吹《ふ》っ飛《と》ばして、頭《あたま》をあげた状態《じょうたい》で手《て》を動《うご》かし黒板《こくばん》を写《うつ》す裏《うら》ワザを編《あ》み出《だ》したのですが、おすすめはできません……笑《わらい》）。

現在《げんざい》は保護者《ほごしゃ》の方《かた》のお話《はなし》や電話《でんわ》での内容《ないよう》をメモするときに苦労《くろう》しています。早《はや》く書《か》くと、きちんと想起《そうき》できずに書《か》けていない文字《もじ》もあり、あとから読《よ》み返《かえ》すとめちゃくちゃなこともしばしば……。

さらに英語《えいご》となると、読《よ》むことも書《か》くこともほとんどできません。お手上《てあ》げ状態《じょうたい》です。お店《みせ》に陳列《ちんれつ》されている英語表記《えいごひょうき》の商品《しょうひん》はまず読《よ》めませんし、今原稿《いまげんこう》を執筆《しっぴつ》するために入《はい》ったカフェの名前《なまえ》もわかりません。

こうした状況《じょうきょう》ですので、困《こま》り感《かん》はあります。では、どうして働《はたら》き続《つづ》けられているのでしょうか。それは、さまざまな工夫《くふう》や対策《たいさく》によって、困《こま》り感《かん》を軽減《けいげん》しているからです。

● 想起《そうき》に時間《じかん》のかかるひらがな＜関口《せきぐち》の場合《ばあい》＞

な行《ぎょう》

な、に、ぬ、ね、の

ま行《ぎょう》

ま、み、む、め、も

濁音《だくおん》

が、ぎ、ぐ、げ、ご
ざ、じ、ず、ぜ、ぞ
だ、ぢ、づ、で、ど
ば、び、ぶ、べ、ぼ

拗音《ようおん》

きゃ、きゅ、きょ、ぎゃ、ぎゅ、ぎょ
しゃ、しゅ、しょ、じゃ、じゅ、じょ
ちゃ、ちゅ、ちょ、ぢゃ、ぢゅ、ぢょ
にゃ、にゅ、にょ、ひゃ、ひゅ、ひょ
びゃ、びゅ、びょ、ぴゃ、ぴゅ、ぴょ
みゃ、みゅ、みょ、りゃ、りゅ、りょ

半濁音《はんだくおん》

ぱ、ぴ、ぷ、ぺ、ぽ

2. 職場《しょくば》での困《こま》り感《かん》への工夫《くふう》と対策《たいさく》

僕《ぼく》にとって、読《よ》み書《か》きが苦手《にがて》なことに対《たい》する大変《たいへん》な思《おも》いは、学生時代《がくせいじだい》より社会人《しゃかいじん》になってからのほうが少《すく》なくなったと感《かん》じています。

もちろん、先述《せんじゅつ》のように困《こま》り感《かん》がないわけではなく、今《いま》も読《よ》み書《か》きには苦労《くろう》しています。ですが、時間割《じかんわり》が決《き》まっており、使《つか》えるツールが限《かぎ》られていた学生時代《がくせいじだい》と比《くら》べ、時間《じかん》の融《ゆう》通《ずう》がきき、自分《じぶん》に合《あ》うツールを選択《せんたく》できる今《いま》のほうが、対策《たいさく》がとりやすいのです。

メモをとるときには自分《じぶん》がわかりやすい記号《きごう》を使《つか》ったり、音声入力《おんせいにゅうりょく》や予測変換《よそくへんかん》を使《つか》います。長文《ちょうぶん》を読《よ》むときは一度《いちど》に全部《ぜんぶ》読《よ》むのではなく、読《よ》む時間《じかん》を分散《ぶんさん》するスケジュールを立《た》て、途中《とちゅう》で休憩《きゅうけい》や運動《うんどう》をすることもあります。

学生《がくせい》はいくら疲《つか》れたからといっても授業中《じゅぎょうちゅう》に突然《とつぜん》立《た》ち上《あ》がって運動《うんどう》するなんてことはできませんから、社会人《しゃかいじん》のほうがだいぶ自由《じゆう》です。

困《こま》り感《かん》への対策《たいさく》は、大《おお》きくわけて2つあります。ＩＣＴ《アイシーティー》機器《きき》などのツールに頼《たよ》ることと、周囲《しゅうい》の人にサポートを依頼《いらい》することです。

ツール（機械《きかい》、道具《どうぐ》、サービス）に頼《たよ》る

・書類《しょるい》を読《よ》むのが遅《おそ》い、読《よ》み間違《まちが》える

→読《よ》み上《あ》げ機能《きのう》を使《つか》う、文字《もじ》を大《おお》きくする、書体《しょたい》を変《か》える、余白《よはく》をあける。

※個人的《こじんてき》には、ＵＤ《ユーディー》書体《しょたい》が読《よ》みやすいと感《かん》じます。読《よ》みやすい書体《しょたい》、文字《もじ》の大《おお》きさ、余白《よはく》はそれぞれなので、本人《ほんにん》にとっていちばん読《よ》みやすいものを見《み》つけられるとよいと思《おも》います。教員《きょういん》などたくさんのお子《こ》さんを指導《しどう》する立場《たちば》の方《かた》は、この「それぞれ違《ちが》う」ことをしっかり覚《おぼ》えておいてください。Ａくんに合《あ》う書体《しょたい》がＢくんにも合《あ》うとは限《かぎ》りません。

・文字《もじ》を想起《そうき》できない（書《か》くのに時間《じかん》がかかる・書《か》き間違《まちが》える）

→検索《けんさく》する（スマホ、タブレット、電子辞書《でんしじしょ》など）／同音異義語《どうおんいぎご》に注意《ちゅうい》！

※学生《がくせい》のみなさん、大人《おとな》になるとラクですよ！

・資料《しりょう》を作成《さくせい》した際《さい》に誤字脱字《ごじだつじ》に気《き》が付《つ》かない、読《よ》み返《かえ》すのが大変《たいへん》

→ＡＩ《エーアイ》に添削《てんさく》してもらう

※職場《しょくば》でのＡＩ導入《エーアイどうにゅう》はまだなので、個人《こじん》の仕事《しごと》でのみ使《つか》っています。

・英語《えいご》ができない

↓　翻訳機能《ほんやくきのう》を使《つか》う（その後《ご》、日本語《にほんご》に訳《やく》した文章《ぶんしょう》を読《よ》み上《あ》げ機能《きのう》で読《よ》む）

・本《ほん》など長《なが》い文章《ぶんしょう》を読《よ》むのが大変《たいへん》、時間《じかん》がかかる、疲《つか》れる

↓　オーディオブックを活用《かつよう》する、ＡＩ《エーアイ》に要約《ようやく》してもらう

人《ひと》にサポートを依頼《いらい》する

・書類《しょるい》を音読《おんどく》して伝《つた》えることが苦手《にがて》

↓　相手《あいて》に書類《しょるい》に目《め》を通《とお》してもらい、要点《ようてん》のみを読《よ》み上《あ》げる

・会議《かいぎ》の議事録《ぎじろく》をとる、資料《しりょう》を正《ただ》しく読《よ》むことが苦手《にがて》

↓　発達性読《はったつせいよ》み書《か》き障害《しょうがい》であることを伝《つた》え、免除《めんじょ》してもらえる業務《ぎょうむ》があるか職場《しょくば》の方《かた》と話《はな》し合《あ》い、可能《かのう》な範囲《はんい》を模索《もさく》する。何《なに》ができて何《なに》が苦手《にがて》なのかを明確《めいかく》に説明《せつめい》する。

・専門書《せんもんしょ》を読《よ》むのに苦労《くろう》する

↓　講演会《こうえんかい》や学会《がっかい》に行《い》き、詳《くわ》しい人《ひと》に直接話《ちょくせつはなし》を聞《き》く

（おかげで宇野先生《うのせんせい》と知《し》り合《あ》うことができました）

ツールはともかく、人《ひと》に力《ちから》を借《か》りていいの？　と思《おも》った方《かた》もいるかもしれません。僕《ぼく》にもそう考《かんが》えていた時期《じき》がありました。そもそも「読《よ》むのが苦手《にがて》」という悩《なや》みを誰《だれ》にも打《う》ち明《あ》けられずにいたので、誰《だれ》かを頼《たよ》ることなんて到底《とうてい》できませんでした。

読《よ》み書《か》きは、専門分野《せんもんぶんや》の勉強以前《べんきょういぜん》に「誰《だれ》でも当《あ》たり前《まえ》にできること」と思《おも》われがちです。文字《もじ》を読《よ》むことすら人並《ひとな》みにできない、それは頭《あたま》が悪《わる》いから、勉強不足《べんきょうぶそく》だからではないかと自分《じぶん》で自分《じぶん》を責《せ》め続《つづ》けてきました。

けれど、違《ちが》いました。

僕《ぼく》が読《よ》み書《か》きが苦手《にがて》なのは、生《う》まれたときからある発達性読《はったつせいよ》み書《か》き障害《しょうがい》が原因《げんいん》なのです。

これは、努力《どりょく》で克服《こくふく》できるものではありません。

この本《ほん》を読《よ》んでいる大半《たいはん》の方《かた》はその点《てん》についてはよくご存《ぞん》じだと思《おも》いますが、改《あらた》めてお伝《つた》えすると、発達性読《はったつせいよ》み書《か》き障害《しょうがい》は病気《びょうき》ではないので治療《ちりょう》はできません。読《よ》み書《か》きのトレーニングをすると改善《かいぜん》する場合《ばあい》はあるものの、発達性読《はったつせいよ》み書《か》き障害《しょうがい》がない人《ひと》と同《おな》じ程度《ていど》にできるようになることは難《むずか》しいと考《かんが》えられています。一生付《いっしょうつ》き合《あ》っていかないといけないものなのです。

もしかしたら、「身近《みぢか》な人《ひと》に過剰《かじょう》な負担《ふたん》をかけずに頼《たよ》る術《すべ》を身《み》につける」ということがいちばん大切《たいせつ》なのかもしれません。

僕《ぼく》は、職場《しょくば》に発達性《はったつせい》読《よ》み書《か》き障害《しょうがい》であるということを伝《つた》えています。療育《りょういく》センターという職場《しょくば》の特性上《とくせいじょう》、周囲《しゅうい》の理解《りかい》が得《え》やすいということもあるでしょう。上司《じょうし》も同僚《どうりょう》も、困《こま》り感《かん》への対策《たいさく》や工夫《くふう》を理解《りかい》して、適切《てきせつ》な配慮《はいりょ》をともに模索《もさく》してくれるため、サポートを頼《たの》んでもいいんだという安心感《あんしんかん》があります。

その安心感《あんしんかん》は、この本《ほん》を書《か》く決意《けつい》を後押《あとお》ししてくれたと感《かん》じています。また、本《ほん》を出《だ》すことで、「読《よ》み書《か》きが苦手《にがて》な人《ひと》」をより身近《みぢか》に感《かん》じてもらい、理解《りかい》が得《え》やすい環境《かんきょう》を拡《ひろ》げていきたいと思《おも》っています。

自分《じぶん》の苦手《にがて》なところでは相手《あいて》を頼《たよ》り、相手《あいて》が苦手《にがて》としていることで、自分《じぶん》が助《たす》けられることがあれば頼《たよ》ってもらえるような人間関係《にんげんかんけい》を築《きず》いていく……。読《よ》み書《か》きができる、勉強《べんきょう》ができるよりも大切《たいせつ》だとは思《おも》いませんか？

僕《ぼく》は、言語聴覚士《げんごちょうかくし》としてお子《こ》さんに接《せっ》するとき、子《こ》どもたちには「人《ひと》と関《かか》わるといいことがあるんだ」と感《かん》じてもらうことをひとつの目標《もくひょう》にしています。

その思《おも》いがあれば、人生渡《じんせいわた》り歩《ある》いていけるかも……というのは、楽観的《らっかんてき》すぎるでしょうか。

3. 家族《かぞく》だからこそ、頼《たよ》りきりになってはいけない

僕《ぼく》には妻《つま》と息子《むすこ》がいます。

息子《むすこ》はこの文章《ぶんしょう》を書《か》いている時点《じてん》では1歳《さい》なので、僕《ぼく》の障害《しょうがい》のことはもちろんわかりません し、僕《ぼく》が頼《たよ》る場面《ばめん》はありません。

しかし、妻《つま》には日常《にちじょう》の困《こま》りごとから仕事《しごと》に関《かん》することまで、あらゆる場面《ばめん》で力《ちから》を借《か》りています。講演会《こうえんかい》の資料《しりょう》づくりや執筆《しっぴつ》においても、妻《つま》のサポートは大《おお》きいのですが、妻《つま》にとってそれは「サポートという感覚《かんかく》がないほど自然《しぜん》なこと」だと言《い》います。

妻《つま》は作業療法士《さぎょうりょうほうし》（OT《オーティー》※）をしています。

仕事柄《しごとがら》、大変《たいへん》な苦労《くろう》を抱《かか》えた方《かた》を多《おお》く見《み》てきており、特性《とくせい》や困《こま》り感《かん》は人《ひと》それぞれだということを理解《りかい》しているのです。

そして、仕事《しごと》として多《おお》くの利用者《りようしゃ》さん、患者《かんじゃ》さんに対《たい》して苦手《にがて》を補《おぎな》うための支援《しえん》をしています。その感覚《かんかく》を家庭《かてい》にも持《も》ち込《こ》むのは、僕《ぼく》たちにとっては自然《しぜん》なことでした。

妻《つま》の出産《しゅっさん》にあたり、僕《ぼく》たちは里帰《さとがえ》り出産《しゅっさん》をせず、夫婦《ふうふ》で1年間《ねんかん》の育休《いくきゅう》を取《と》るという選択《せんたく》をしました。僕《ぼく》は、母《はは》が専業主婦《せんぎょうしゅふ》の家庭《かてい》で育《そだ》ったこともあり、自分《じぶん》が育休《いくきゅう》を取《と》ることについて抵抗《ていこう》もありましたが、「妻《つま》と助《たす》け合《あ》いながら子育《こそだ》てのすべてに向《む》き合《あ》っていきたい」と思《おも》い、育休《いくきゅう》の取得《しゅとく》を決《き》めました。はじめて取《と》り組《く》む育児《いくじ》だからこそ、同時《どうじ》にスタートさせることで、育児《いくじ》スキル、情報《じょうほう》、決定権《けっていけん》をお互《たが》いが持《も》ち合《あ》う。そして、それぞれが育児《いくじ》の主担当《しゅたんとう》である意識《いしき》を持《も》った上《うえ》で、苦手《にがて》なことを補《おぎな》っていくことがベストだと考《かんが》えたのです。

息子《むすこ》のお世話《せわ》を時間《じかん》で分担《ぶんたん》しており、担当《たんとう》の時間《じかん》であれば寝《ね》かしつけ、夜泣《よな》きの対応《たいおう》、離乳食《りにゅうしょく》づくりから食事《しょくじ》、片《かた》づけ、おむつ替《が》えなどすべてに対応《たいおう》しました。

父親《ちちおや》の育休取得率《いくきゅうしゅとくりつ》が上《あ》がっているとはいえ、まだまだ期間《きかん》が短《みじか》いことも多《おお》く、子育《こそだ》てのすべてに関《かか》わっているという父親《ちちおや》は少《すく》ないかもしれません。いずれこれも自然《しぜん》なことになることを願《ねが》っています。経験《けいけん》がなければ「やったことがないからできない」のか「やってもできない（から、相手《あいて》にサポートしてもらっている）」のかもわかりませんからね……。

※作業療法士《さぎょうりょうほうし》、OT《オーティー》……障害《しょうがい》のある人《ひと》が日常《にちじょう》・社会生活《しゃかいせいかつ》に復帰《ふっき》できるように、生活《せいかつ》の中《なか》における作業《さぎょう》や動作《どうさ》などを用《もち》いて訓練《くんれん》・指導《しどう》・援助《えんじょ》を行《おこな》う医療《いりょう》リハビリ専門職《せんもんしょく》のこと。

「育児《いくじ》をしていて偉《えら》い」「お父《とう》さんが子育《こそだ》てをしていてすごい」と褒《ほ》めていただくこともあるのですが、妻《つま》と一緒《いっしょ》に助《たす》け合《あ》って生活《せいかつ》していきたいと考《かんが》えているので、仕事《しごと》と育児《いくじ》の両立《りょうりつ》は僕《ぼく》にとって当《あ》たり前《まえ》のことなのです。

偉《えら》そうなことを言《い》いましたが、育休《いくきゅう》があけ、仕事《しごと》に復帰《ふっき》してからは、仕事《しごと》・家事《かじ》・育児《いくじ》を満足《まんぞく》いくようにこなすことは容易《ようい》ではなく、急《きゅう》な体調《たいちょう》不良《ふりょう》による保育園《ほいくえん》からのお迎《むか》え対《たい》応《おう》、元気《げんき》だと思《おも》ったら突然《とつぜん》出《で》る蕁麻疹《じんましん》、家族《かぞく》でまわす感染症《かんせんしょう》……気《き》付《づ》けば仕事《しごと》も早退《そうたい》・休《やす》むことが多《おお》くなり理想《りそう》と現実《げんじつ》のギャップに悩《なや》まされてばかりです。しかし、育休期間《いくきゅうきかん》に培《つちか》った「育児《いくじ》に対《たい》する当事者意識《とうじしゃいしき》」はかけがえのないものとなっています。いつの間《ま》にか、男性育休取得《だんせいいくきゅうしゅとく》を熱《あつ》く語《かた》るようにもなりました(笑《わらい》)。

話《はなし》がそれましたが、助《たす》けてもらうばかり・サポートしてもらうばかりではいけないというのは、助《たす》けてもらってはいけない・頼《たよ》ってはいけないとはまったく違《ちが》うことなので、これについては後半《こうはん》でまたお伝《つた》えします。

こうして家事《かじ》・育児《いくじ》において分担《ぶんたん》をしているものの、日常《にちじょう》の「読《よ》み書《か》き」の困《こま》りごとに関《かん》しては、妻《つま》にサポートしてもらっていることがたくさんあります。

僕《ぼく》が行《おこな》っている日常《にちじょう》の困《こま》りごとへの対策《たいさく》と工夫《くふう》は主《おも》に左《ひだり》のようなことです。

日常《にちじょう》の困《こま》りごとへの対策《たいさく》と工夫《くふう》

・メニューが読《よ》めない

↓　指《ゆび》さしで注文《ちゅうもん》

・字幕映画《じまくえいが》が観《み》られない

↓　吹《ふ》き替《か》えで観《み》る

・ボールペンを使《つか》うことの不安《ふあん》（書《か》き直《なお》しができない）

↓　シャープペンやタブレットを使《つか》う

・高速道路《こうそくどうろ》の降《お》り口《ぐち》の看板《かんばん》や駅《えき》の電光掲示板《でんこうけいじばん》などが読《よ》めない（流《なが》れるスピードについていけない）

↓　ナビを使《つか》う、乗《の》り換《か》えなどは事前《じぜん》に調《しら》べ、必要《ひつよう》に応《おう》じて駅員《えきいん》さんに聞《き》く

・初診《しょしん》の病院《びょういん》では書《か》く書類《しょるい》が多《おお》い

↓　誰《だれ》かについてきてもらう、要点《ようてん》を聞《き》く

・スマホで調《しら》べたことを読《よ》むのが大変《たいへん》

↓　読《よ》み上《あ》げ機能《きのう》を使《つか》う

※「乗《の》り換《か》え案内《あんない》」などは読《よ》み上《あ》げ機能《きのう》を使《つか》うと余計《よけい》な情報《じょうほう》が多《おお》くて聞《き》き取《と》るのが非常《ひじょう》に難《むずか》しいので、目的《もくてき》の駅《えき》までは何駅《なんえき》あるのか数字《すうじ》を見《み》て、停車《ていしゃ》の回数《かいすう》を数《かぞ》えています。

この本《ほん》を書《か》いている今《いま》、子育《こそだ》て中《ちゅう》なこともあり、つい例《たと》えが育児《いくじ》ばかりになってしまうのですが、読者《どくしゃ》のみなさんも保護者《ほごしゃ》、またはお子《こ》さんの教育《きょういく》や福祉《ふくし》に関《かか》わる方《かた》だと思《おも》うので、きっと想像《そうぞう》しやすいのではないかと思《おも》い、このまま続《つづ》けさせてもらいます。

乳児《にゅうじ》のお世話《せわ》には、基本的《きほんてき》に「読《よ》む」「書《か》く」はほとんど必要《ひつよう》ありません。

絵本《えほん》を読《よ》むことはありますが、0歳児《さいじ》向《む》けの絵本《えほん》は全部《ぜんぶ》ひらがなですし、文字《もじ》は大《おお》きく、少《すく》なく、くり返《かえ》しが多《おお》く、読《よ》むのが苦手《にがて》な僕《ぼく》にやさしいものばかりです。

そうした中《なか》で大変《たいへん》だったのは、保育園《ほいくえん》の申《もう》し込《こ》みなどの手続《てつづ》きです。

保育園《ほいくえん》への入所《にゅうしょ》の申《もう》し込《こ》み書類《しょるい》は手書《てが》きが多《おお》く、入所《にゅうしょ》のしおりは分厚《ぶあつ》い冊子《さっし》に細《こま》かい文《も》字《じ》がびっしりでした。

①下調《したしら》べ、見学《けんがく》の連絡《れんらく》
②見学《けんがく》
③比較《ひかく》、検討《けんとう》
④書類作成《しょるいさくせい》

おおむねこうした流《なが》れで進《すす》みますが、この中《なか》で「下調《したしら》べ」や「書類《しょるい》の作成《さくせい》」を僕《ぼく》が担《にな》うのは負担《ふたん》が大《おお》きいものです。ですので、読《よ》み書《か》きが必要《ひつよう》な作業《さぎょう》は妻《つま》に頼《たの》んで、その間《あいだ》自分《じぶん》が息子《むすこ》の面倒《めんどう》を見《み》る担当《たんとう》を引《ひ》き受《う》けました。保育園《ほいくえん》選《えら》びは二人《ふたり》にとって大切《たいせつ》なことなので、見学《けんがく》・比較《ひかく》・検討《けんとう》はともに行《おこな》いました。予防接種《よぼうせっしゅ》や検診《けんしん》も同様《どうよう》に、妻《つま》が整理《せいり》した情報《じょうほう》をもとに話《はな》し合《あ》いを重《かさ》ねました。

それぞれが育児《いくじ》をする当事者《とうじしゃ》であることを意識《いしき》し、持《も》ちきれない荷物《にもつ》を分《わ》け合《あ》う。それは、日常《にちじょう》のほかの場面《ばめん》でも同《おな》じです。読《よ》み書《か》きで妻《つま》に力《ちから》を借《か》りる僕《ぼく》は、妻《つま》に頼《たよ》りきりにならないように、いつも自分《じぶん》に何《なに》ができるのかを考《かんが》えて行動《こうどう》するようにしています。そしてもちろん妻《つま》も、読《よ》み書《か》き以外《いがい》のことでも僕《ぼく》を助《たす》けてくれています。

助《たす》け合《あ》いが必要《ひつよう》なのは、社会《しゃかい》でも家庭《かてい》でも同《おな》じことですね。

4.「読《よ》み書《か》き障害《しょうがい》であること」を発信《はっしん》し続《つづ》ける

自分《じぶん》の発達性読《はったつせいよ》み書《か》き障害《しょうがい》について発信《はっしん》するようになったきっかけは、大学《だいがく》3年生《ねんせい》のときにいただいた講演《こうえん》の依頼《いらい》でした。

高校《こうこう》の先生方《せんせいがた》に向《む》けて、僕《ぼく》と母《はは》がそれぞれの立場《たちば》で話《はなし》をしました。僕《ぼく》が発達性読《はったつせいよ》み書《か》き障害《しょうがい》の当事者《とうじしゃ》として症状《しょうじょう》や困《こま》りごとを、母《はは》が親《おや》として僕《ぼく》の発達性読《はったつせいよ》み書《か》き障害《しょうがい》をどう捉《とら》えていたのかを。

そこから数珠《じゅず》つなぎ的《てき》に次《つぎ》の講演《こうえん》の依頼《いらい》をいただき、今《いま》に至《いた》ります。

幸《さいわ》いにも僕《ぼく》は、理解《りかい》のある環境《かんきょう》で働《はたら》くことができていますが、僕《ぼく》だけがよい環境《かんきょう》にいられればいいとは思《おも》いません。

誰《だれ》にも読《よ》み書《か》きが苦手《にがて》なことを話《はな》せず、助《たす》けを求《もと》められずにいたつらい時期《じき》を経《へ》てきたからこそ、自分《じぶん》の特性《とくせい》を臆《おく》することなく説明《せつめい》でき、周囲《しゅうい》が当《あ》たり前《まえ》にそれを理解《りかい》してくれる社会《しゃかい》にしたいと思《おも》い、まずは正《ただ》しく発達性読《はったつせいよ》み書《か》き障害《しょうがい》を知《し》ってもらえるように発信《はっしん》していきたいと考《かんが》えています。

言語聴覚士《げんごちょうかくし》になってから、100人以上《にんいじょう》の読《よ》み書《か》きが苦手《にがて》なお子《こ》さんと出会《であ》いました。どの子《こ》も、勉強以外《べんきょういがい》のことはキラキラとした目《め》で話《はな》してくれました。ゲーム、映画《えいが》、スポーツなど、自分《じぶん》が好《す》きなことについて、それがどんなに楽《たの》しいのかを語《かた》れる子《こ》どもたち。けれど、勉強《べんきょう》のことになると急《きゅう》にうつむきがちになります。

文字《もじ》が苦手《にがて》だということは、こんなにも子《こ》どもの活力《かつりょく》を奪《うば》ってしまうのだと、幼《おさな》いながら思《おも》い悩《なや》む子《こ》どもたちを見《み》て実感《じっかん》しました。

どんなに走《はし》るのが得意《とくい》な子《こ》でも、「みんな」が金《きん》メダリストになることはできません。親《おや》も学校《がっこう》の先生《せんせい》もみんな、オリンピックで金《きん》メダルを目指《めざ》せとは言《い》わないでしょう。

でも、自分《じぶん》が生《う》まれ育《そだ》った国《くに》の文字《もじ》の読《よ》み書《か》きは、「みんな」ができてしまう。平均点《へいきんてん》が100点《てん》のテストのようなものなのです。「できるのが当《あ》たり前《まえ》」だから「もっと努力《どりょく》をしないと」と言《い》います。

100点《てん》がとれないのは、僕《ぼく》たちが怠《なま》け者《もの》で、努力《どりょく》をしないからだと。

この苦《くる》しみは、努力《どりょく》せずとも読《よ》み書《か》きが当《あ》たり前《まえ》にできてきた大人《おとな》にはなかなか理解《りかい》しづらいものかもしれません。自分《じぶん》の苦《くる》しみを理解《りかい》してくれる人《ひと》がそばにいれば、それだけで心《こころ》が救《すく》われることがあると思《おも》います。

僕《ぼく》は、発達性読《はったつせいよ》み書《か》き障害《しょうがい》の子《こ》どもたちにとって、そういう大人《おとな》でありたいのです。

読《よ》み書《か》きが苦手《にがて》で、大人《おとな》になった今《いま》も周囲《しゅうい》の人《ひと》に助《たす》けてもらうことがたくさんあって、大変《たいへん》だけど、のらりくらりと楽《たの》しくやっているよ。仕事《しごと》もなんとかできているし、家族《かぞく》もできて、つらいことばかりではないよ。今感《いまかん》じているつらさは、周囲《しゅうい》の人《ひと》に理解《りかい》が広《ひろ》がるにつれてやわらいでいくよ。大丈夫《だいじょうぶ》。

だって君《きみ》は、こんなにも「知《し》ること」を楽《たの》しんでいる。虫《むし》や鳥《とり》の名前《なまえ》を知《し》っている。姿《すがた》も知《し》っている。絵《え》に描《か》くことができる。その色《いろ》や美《うつく》しさを言葉《ことば》で語《かた》ることができる。

できること、やりたいこと、好《す》きなもの、得意《とくい》なこと、大切《たいせつ》にしたいもの、一人《ひとり》ひとり違《ちが》う「わくわく」を、一歩《いっぽ》うしろから応援《おうえん》したい。

こうして自分《じぶん》が発達性読《はったつせいよ》み書《か》き障害《しょうがい》であること、それにより経験《けいけん》したことを発信《はっしん》しているのは、ひとりでも多《おお》くの人《ひと》に関心《かんしん》を持《も》ってもらいたい、理解《りかい》してくれる人《ひと》を増《ふ》やしたい。その輪《わ》が広《ひろ》がれば、いずれは社会全体《しゃかいぜんたい》が発達性読《はったつせいよ》み書《か》き障害《しょうがい》のことを理解《りかい》しているのが当《あ》たり前《まえ》になる時代《じだい》が来《く》ると信《しん》じているからです。

発信《はっしん》を通《とお》して、今困《いまこま》っているお子《こ》さんや保護者《ほごしゃ》の方《かた》が前向《まえむ》きになれるのであれば、これからも精一杯伝《せいいっぱいつた》え続《つづ》けていきたいと思《おも》っています。

けれど一度《いちど》だけ、この先《さき》も自分《じぶん》のことを発信《はっしん》し続《つづ》けていいのかと悩《なや》んだときがあります。

きっかけは、息子《むすこ》の誕生《たんじょう》でした。

それまでは自分《じぶん》の障害《しょうがい》について発信《はっしん》することで何《なに》か悪《わる》い影響《えいきょう》があったとしても、それは自分《じぶん》に向《む》けられるものだと思《おも》っていました。

たとえば中傷《ちゅうしょう》されたり、職《しょく》を失《うしな》ったり……そういったことがあったとしても、信念《しんねん》をもって発信《はっしん》したことの結果《けっか》であれば仕方《しかた》がないと思《おも》っていたのです。しかし、結婚《けっこん》し、息子《むすこ》が生《う》まれたときに、この活動《かつどう》は自分《じぶん》だけのことではなくなったと気付《きづ》いたのです。

このまま顔《かお》や名前《なまえ》を出《だ》してこの活動《かつどう》を続《つづ》けていたら、いつか妻《つま》や息子《むすこ》にも迷惑《めいわく》をかけてしまうかもしれない……。

そんな不安《ふあん》を払拭《ふっしょく》してくれたのは、当《とう》の妻《つま》でした。

「家族《かぞく》や子《こ》どもに迷惑《めいわく》がかかると思《おも》うということ自体《じたい》が偏見《へんけん》だよ」と彼女《かのじょ》は言《い》いました。

たしかに、その通《とお》りです。

社会《しゃかい》の偏見《へんけん》をなくしたくて発信《はっしん》しているのに、僕自身《ぼくじしん》の中《なか》に発達性読《はったつせいよ》み書《か》き障害《しょうがい》だと公表《こうひょう》することで「何《なに》か悪《わる》いことがあるかも」という不安《ふあん》があったのです。

そうだった、僕《ぼく》が発信《はっしん》するのは、そういう偏見《へんけん》を社会《しゃかい》からなくしたいからだった！

感動《かんどう》し、言葉《ことば》を失《うしな》った僕《ぼく》に、妻《つま》は続《つづ》けてこう言《い》いました。

「それにね、読《よ》み書《か》きが苦手《にがて》なのは特性《とくせい》のひとつであって、日常生活《にちじょうせいかつ》でサポートを頼《たの》まれることは負担《ふたん》でもなんでもない。それより寝起《ねお》きが悪《わる》いことのほうがよっぽど問題《もんだい》だよ」と。

発達性読《はったつせいよ》み書《か》き障害《しょうがい》について発信《はっしん》したり、それにまつわる悩《なや》みを抱《かか》えていると、「発達《はったつ》障害《しょうがい》であること」が僕《ぼく》という人間《にんげん》のすべてであるような錯覚《さっかく》に陥《おちい》ることがあります。ですが、それは僕《ぼく》にとってほんの一部《いちぶ》でしかないのです。

これは、発達障害《はったつしょうがい》のあるお子《こ》さんの周囲《しゅうい》にいる方《かた》には強《つよ》く意識《いしき》していただきたいところです。

読《よ》み書《か》きが苦手《にがて》なことは、絵《え》を描《えが》くのが苦手《にがて》、泳《およ》ぐのが苦手《にがて》、走《はし》るのが苦手《にがて》などと同《おな》じで、その人《ひと》にとってのひとつの要素《ようそ》でしかない。

おそらく多《おお》くの当事者《とうじしゃ》は、苦手《にがて》を軸《じく》に物事《ものごと》を考《かんが》えるために苦《くる》しくなるのではないかと思《おも》います。

さきほど例《れい》をあげた「苦手《にがて》」は、学校《がっこう》という場所《ばしょ》において、絵《え》は図工《ずこう》、走《はし》る・泳《およ》ぐは体育《たいいく》……とひとつの教科《きょうか》の時間《じかん》にしか大《おお》きな影響《えいきょう》を及《およ》ぼしません。

これに対《たい》し、「読《よ》み書《か》き」は国語《こくご》、算数《さんすう》、理科《りか》、社会《しゃかい》、あらゆる教科《きょうか》にまたがって影響《えいきょう》を及《およ》ぼします。僕《ぼく》は学生時代《がくせいじだい》、合唱部《がっしょうぶ》に入《はい》っていたのですが、楽譜《がくふ》を読《よ》むことも苦労《くろう》しました。「音楽《おんがく》」にも影響《えいきょう》があるのです。

ひとつ苦手《にがて》なことがあっても、それより多《おお》くの得意《とくい》なことがあれば、自尊心《じそんしん》を保《たも》つことができますが、あれもこれも苦手《にがて》……どの教科《きょうか》もできない……となると、自信《じしん》をなくすのは当然《とうぜん》です。

今《いま》こうして、周囲《しゅうい》の理解《りかい》と協力《きょうりょく》、自分《じぶん》で見《み》つけ出《だ》した「自分《じぶん》に合《あ》う工夫《くふう》」の上《うえ》で折《お》り合《あ》いをつけながら生活《せいかつ》している僕《ぼく》も、昔《むかし》から今《いま》のように自分《じぶん》の障害《しょうがい》を捉《とら》えられていたわけではありません。

次《つぎ》の章《しょう》では、ここまでの半生《はんせい》をふり返《かえ》り、そのときどきの苦《くる》しみや悩《なや》みとともに、「もし今《いま》、自分《じぶん》があの頃《ころ》の自分《じぶん》に会《あ》えたらどうするか」を考《かんが》えていきます。

発達性読《はったつせいよ》み書《か》き障害《しょうがい》であること……
それは子《こ》どもたちにとって自分《じぶん》の「一部《いちぶ》」でしかないんだな
むう
社会人《しゃかいじん》になったうちの子《こ》ふたりを見《み》ていて心《こころ》からそう思《おも》えるようになりました
発達性読《はったつせいよ》み書《か》き障害《しょうがい》の長女《ちょうじょ》 ナツ
絵《え》が得意《とくい》！読《よ》み書《か》き以外《いがい》にもニガテはあるけど
得意《とくい》なことを仕事《しごと》にしてる！
フルデジタル作画《さくが》
フリーでイラストレーターをしてます!! 仕事《しごと》どんどんふえてきた!!
発達性読《はったつせいよ》み書《か》き障害《しょうがい》の長男《ちょうなん》 フユ
ナツみたいにこれが得意《とくい》って言《い》えるものはないけど苦手《にがて》じゃないことを仕事《しごと》にして一人暮《ひとりぐ》らししてます
飲食《いんしょく》店《てん》勤務《きんむ》です 厨房《ちゅうぼう》で調理《ちょうり》したりフロアに出《で》たり…思《おも》ってたより接客《せっきゃく》が苦手《にがて》じゃなかった!!!

第《だい》2章《しょう》

音読《おんどく》の宿題《しゅくだい》ができないのは、努力不足《どりょくぶそく》だから？

1．将来《しょうらい》の夢《ゆめ》はウルトラマン

まずはじめに、ここまでに何度《なんど》もお伝《つた》えしていることですが、ここに書《か》かれていることは僕《ぼく》、関口裕昭《せきぐちひろあき》が感《かん》じたことです。何《なに》に困《こま》るのか、それにどう対応《たいおう》してほしいのかは、一人《ひとり》ひとり違《ちが》います。それを改《あらた》めてご理解《りかい》いただいた上《うえ》で、続《つづ》きをお読《よ》みください。

僕《ぼく》は、母《はは》が39歳《さい》のときに生《う》まれました。長男《ちょうなん》で、ひとりっ子《こ》です。家族構成《かぞくこうせい》は両親《りょうしん》、祖《そ》父母《ふぼ》。大人《おとな》4人《にん》に子《こ》どもひとりの家庭《かてい》ですから、かなり自由《じゆう》にやりたいことをやらせてもらったと思《おも》っています。母《はは》に聞《き》いたところによると、はじめての発語《はつご》やひとり歩《ある》きなどは標準的《ひょうじゅんてき》な時期《じき》に獲得《かくとく》していたそうです。幼稚園《ようちえん》の頃《ころ》は、体操《たいそう》、スイミング、ピアノを習《なら》っており、その頃《ころ》の将来《しょうらい》の夢《ゆめ》はウルトラマンになることでした。

関口家《せきぐちけ》の教育方針《きょういくほうしん》は、

①税金《ぜいきん》を納《おさ》める人《ひと》になる

②いいお父《とう》さんになる

③頭《あたま》は帽子《ぼうし》をかぶればいい

こんな感《かん》じで、勉強《べんきょう》のできは重視《じゅうし》されておらず、小学校入学前《しょうがっこうにゅうがくまえ》に「読《よ》み書《か》き」を習《なら》うことはありませんでした。

こう書《か》くと、「早期教育《そうききょういく》をしていなかったことに、読《よ》み書《か》きが苦手《にがて》な原因《げんいん》があるのでは？」と思《おも》う方《かた》もいらっしゃるかもしれませんが、それは違《ちが》います。まったく文字《もじ》に触《ふ》れていなかったわけではなく、毎日絵本《まいにちえほん》を5冊以上読《さついじょうよ》んでもらわないと寝《ね》ないほど本《ほん》が大好《だいす》きで、読《よ》み聞《き》かせを通《とお》して文字《もじ》に親《した》しんでいました。

ただ、自分《じぶん》ひとりで読《よ》めること、文字《もじ》を書《か》くことを求《もと》められる年齢《ねんれい》ではないため、この頃《ころ》はまだ自分《じぶん》にこんなにも苦手《にがて》なことがあると気付《きづ》いていませんでした。本《ほん》は「読《よ》んでもらうもの」であり、「聞《き》くもの」と感《かん》じていたこと、自《みずか》ら読《よ》もうとしていなかったこと、文字自体《もじじたい》に興味《きょうみ》を持《も》てなかったことは、もしかしたら発達性読《はったつせいよ》み書《か》き障害《しょうがい》の影響《えいきょう》といえるのかもしれません。

それでも、この毎日《まいにち》の母《はは》の読《よ》み聞《き》かせのおかげで、同級生《どうきゅうせい》たちが知《し》らないことをたくさん知《し》っていました。自分《じぶん》で本《ほん》を読《よ》んで学《まな》べる子《こ》にひけをとらない知識《ちしき》の蓄積《ちくせき》は、その後《ご》、読《よ》み書《か》きが苦手《にがて》だとわかってからも僕《ぼく》を支《ささ》えてくれたように思《おも》います。このことは、本当《ほんとう》に母《はは》に感謝《かんしゃ》しています。

近年《きんねん》は早期教育《そうききょういく》が盛《さか》んなこともあり、就学前《しゅうがくまえ》から「読《よ》み書《か》きがスムーズにできない」ことで悩《なや》む保護者《ほごしゃ》の方《かた》もいらっしゃいますが、文字《もじ》に興味《きょうみ》を示《しめ》す時期《じき》には個人差《こじんさ》があります。また、家庭《かてい》で長時間《ちょうじかん》読《よ》み書《か》きを教《おし》えたからといって書《か》けるようになるわけではないことが調査《ちょうさ》データからわかっています。宇野先生《うのせんせい》らの研究《けんきゅう》では、就学前《しゅうがくまえ》の段階《だんかい》で長時間《ちょうじかん》かけても読《よ》み書《か》きを習得《しゅうとく》できなかった子《こ》であっても、小学《しょうがく》1年生《ねんせい》の夏休《なつやす》み頃《ごろ》になってから教《おし》えると、そのうちの8～9割《わり》の子《こ》はできるようになったことも報告《ほうこく》されています。(※)正《ただ》しい情報《じょうほう》を集《あつ》めながら、お子《こ》さんにとって今何《いまなに》が大切《たいせつ》なのかを見極《みきわ》めていけるとよいですね。

(※)

猪俣朋恵《いのまたともえ》、宇野彰《うのあきら》、酒井厚《さかいあつし》、春原則子《はるはらのりこ》：年長児《ねんちょうじ》のひらがなの読《よ》み書《か》き習得《しゅうとく》に関《かか》わる認知能力《にんちのうりょく》と家庭《かてい》での読《よ》み書《か》き関連活動《かんれんかつどう》・音声言語医学《おんせいげんごいがく》・57(2)208-216, 2016

小出芽以《こいでめい》、宇野彰《うのあきら》、荒木雄大《あらきゆうだい》、金山周平《かねやましゅうへい》、縄手雅彦《なわてまさひこ》、Lyytinen Heikki：幼稚園年長児《ようちえんねんちょうじ》を対象《たいしょう》としたひらがな音読指導《おんどくしどう》の効果《こうか》・音声言語医学《おんせいげんごいがく》・61(3)211-222, 2020

宇野彰《うのあきら》、猪俣朋恵《いのまたともえ》、小出芽以《こいでめい》、太田静佳《おおたしずか》：ひらがなはいつまでにどれだけ習得《しゅうとく》されるのか？——ひらがな習得《しゅうとく》に関《かん》するレディネス・高次脳機能研究《こうじのうきのうけんきゅう》・41(3)260-264, 2021

● 文字《もじ》への興味《きょうみ》・フユくんの場合《ばあい》

『「うちの子《こ》は字《じ》が書《か》けないかも」と思《おも》ったら』より

2. 音読《おんどく》の宿題《しゅくだい》ができない

僕《ぼく》が小学生《しょうがくせい》になると、キッチンのすぐとなりにある、家族《かぞく》みんなでテレビを見《み》る場所《ばしょ》だった部屋《へや》に勉強机《べんきょうづくえ》が置《お》かれました。あとから母《はは》に聞《き》いたのですが、ここに勉強机《べんきょうづくえ》を置《お》きたいと言《い》ったのは、僕《ぼく》だったそうです。

今《いま》になって思《おも》えば、その時点《じてん》で、「ひとりで勉強《べんきょう》するのはつらい」という感覚《かんかく》があったのかもしれません。

学校《がっこう》から帰《かえ》ると、まずそこで宿題《しゅくだい》をします。

その宿題《しゅくだい》も、「やりなさい」と言《い》われてひとりで取《と》り組《く》むのではなく、母《はは》が台所《だいどころ》で家事《かじ》をしながら一緒《いっしょ》にやってくれるというスタンスでした。

この頃《ころ》、まだはっきりと「読《よ》み書《か》きが苦手《にがて》」と理解《りかい》はしていなかったものの、自分《じぶん》で問《もん》題文《だいぶん》を読《よ》むことは直感的《ちょっかんてき》に避《さ》けていたように思《おも》います。母《はは》に読《よ》んでもらいながら宿題《しゅくだい》をこなしていました。

小学校《しょうがっこう》1年生《ねんせい》の頃《ころ》は、ひらがなを一文字《ひともじ》ずつ書《か》いたり読《よ》んだりすることはなんとかできる。けれど、ひらがなが連《つら》なり単語《たんご》や文章《ぶんしょう》になっているものを、すらすら読《よ》んだり書《か》いたりすることはできませんでした。

文字《もじ》をきちんと読《よ》まずに想像《そうぞう》して読《よ》む、いわゆる勝手読《かってよ》みや、飛《と》ばし読《よ》み、熟語《じゅくご》をさかさまに読《よ》むこともありました。また一文字一文字《ひともじひともじ》をたどたどしく読《よ》む逐字読《ちくじよ》みのため、文章《ぶんしょう》の内容《ないよう》が頭《あたま》に入《はい》ってきません。

それでもひらがなは、なんとか読《よ》み書《か》きできていましたが、カタカナに入《はい》るとものすごく苦労《くろう》しました。ちなみにカタカナは今《いま》でも苦手《にがて》で、ゆっくり読《よ》んでいます（ビジネス用語《ようご》は天敵《てんてき》です……）。

さて、話《はなし》を小学《しょうがく》1年生《ねんせい》の宿題《しゅくだい》に戻《もど》します。

最初《さいしょ》の頃《ころ》の宿題《しゅくだい》は、まずひらがなをドリルやノートに書《か》くことからはじまります。

文字《もじ》を見《み》ながら一文字《ひともじ》ずつひらがなを書《か》く、それ自体《じたい》は難《むずか》しくありませんでした。マス目《め》も大《おお》きく、この時点《じてん》では書字《しょじ》の負担《ふたん》を大《おお》きく感《かん》じることもなかったように思《おも》います。

それよりも負担《ふたん》だったのは、「音読《おんどく》」の宿題《しゅくだい》です。

たくさんの文字《もじ》が並《なら》び、文章《ぶんしょう》を構成《こうせい》している。そこに書《か》かれた文字《もじ》を、ひとつひとつではなく、言葉《ことば》として文章《ぶんしょう》として読《よ》む……これが、本当《ほんとう》に難《むずか》しかったのを覚《おぼ》えています。

僕《ぼく》が自分《じぶん》に違和感《いわかん》を抱《いだ》いたのは、この頃《ころ》が最初《さいしょ》でした。

学校《がっこう》で先生《せんせい》に「ここを読《よ》んでみて」と指名《しめい》されて、すらすらと読《よ》む同級生《どうきゅうせい》を見《み》ていて、「みんな家《いえ》で何回音読《なんかいおんどく》の練習《れんしゅう》をしているんだろう」と疑問《ぎもん》に思《おも》っていました。

文章《ぶんしょう》が短《みじか》い1年生《ねんせい》の最初《さいしょ》のうちは、家《いえ》で母《はは》が読《よ》んでくれた文章《ぶんしょう》を覚《おぼ》えて、さも音読《おんどく》をしている風《ふう》を装《よそお》っていました。

突然当《とつぜんあ》てられてもすらすらと読《よ》める同級生《どうきゅうせい》たちと同《おな》じように読《よ》まないといけない。当時《とうじ》の僕《ぼく》は、「みんなすごくがんばってるから、僕《ぼく》もやるんだ」と言《い》って、家《いえ》で必死《ひっし》に音読《おんどく》の練習《れんしゅう》をしていたようです。音読《おんどく》の練習《れんしゅう》というか……丸暗記《まるあんき》のための暗唱《あんしょう》ですね。

読《よ》むのが難《むずか》しいとは誰《だれ》にも言《い》えないまま、教科書《きょうかしょ》の文章《ぶんしょう》はどんどん長《なが》くなっていきます。音読《おんどく》の宿題《しゅくだい》の範囲《はんい》も広《ひろ》くなり、丸暗記《まるあんき》では太刀打《たちう》ちできなくなってきて……その結果《けっか》、僕《ぼく》は音読《おんどく》の宿題《しゅくだい》から逃《に》げるようになりました。

「読《よ》むのが苦手《にがて》だ」「文字《もじ》が読《よ》めない」とは言《い》わずに、「もう音読《おんどく》の宿題《しゅくだい》やったよ」「今日《きょう》の宿題《しゅくだい》、読《よ》むやつない」などと母《はは》に調子《ちょうし》のいい嘘《うそ》をついて、あとでこっそりと保護者確認《ほごしゃかくにん》欄《らん》に自分《じぶん》で印鑑《いんかん》を押《お》す。そうやって自分《じぶん》の違和感《いわかん》に背《せ》を向《む》けることで、僕《ぼく》は自分《じぶん》の心《こころ》を守《まも》っていたのだと思《おも》います。

母《はは》は何《なに》も言《い》いませんでしたが、音読《おんどく》を回避《かいひ》するための嘘《うそ》には気付《きづ》いていたのではないかと思《おも》います。僕《ぼく》が言《い》いたくなくて隠《かく》しているのを知《し》っていて、黙《だま》って受《う》け止《と》めてくれたのです。

勉強《べんきょう》ができない子《こ》だと思《おも》われたくなくて必死《ひっし》に努力《どりょく》し隠《かく》そうとしていたので、それを指摘《してき》されたら、小学生《しょうがくせい》の僕《ぼく》は精神的《せいしんてき》に大《おお》きなダメージを受《う》け、立《た》ち直《なお》れなくなっていたかもしれません。

当時《とうじ》、僕《ぼく》も母《はは》も「発達性読《はったつせいよ》み書《か》き障害《しょうがい》」のことを知《し》りませんでした。

僕《ぼく》が小学校低学年《しょうがっこうていがくねん》の頃《ころ》というと、ちょうど2000年《ねん》ぐらい。

宇野先生《うのせんせい》と加藤醇子先生《かとうじゅんこせんせい》が立《た》ち上《あ》げた「発達性《はったつせい》ディスレクシア研究会《けんきゅうかい》」が創立《そうりつ》されたのが2001年《ねん》でしたので、日本《にほん》でこうした困難《こんなん》さがあることはあまり知《し》られていなかったのだと思《おも》います（発達性《はったつせい》ディスレクシアは発達性読《はったつせいよ》み書《か》き障害《しょうがい》と同《おな》じ意味《いみ》で用《もち》いられています）。

もし、知《し》っていたら、母《はは》はどうしたのでしょうか。僕《ぼく》を苦《くる》しませないために「苦手《にがて》なら音読《おんどく》はやらなくていいよ、ここだけを読《よ》めばいいよ」と言《い》ってくれたかもしれません。

今《いま》この本《ほん》を読《よ》んでくださっている保護者《ほごしゃ》の方《かた》は、お子《こ》さんがなぜ読《よ》み書《か》きが苦手《にがて》なのかをわかった上《うえ》で、「苦手《にがて》ならやらなくていいんだよ」と、無理《むり》に苦労《くろう》させたくないと考《かんが》えていらっしゃるかもしれません。

当時《とうじ》の苦《くる》しかった気持《きも》ちは、今《いま》でも僕《ぼく》の中《なか》に残《のこ》っています。適切《てきせつ》な支援《しえん》が受《う》けられて、読《よ》む範囲《はんい》を減《へ》らしたり、別《べつ》の宿題《しゅくだい》に変《か》えてもらえれば楽《らく》だっただろうと思《おも》います。

ただそれでも、苦手《にがて》を「隠《かく》したい」「バレたくない」という思《おも》いと、「支援《しえん》を受《う》けたい」という思《おも》いのどちらが勝《か》ったかはわかりません。お子《こ》さん自身《じしん》にとって、前者《ぜんしゃ》の思《おも》いのほうが強《つよ》かった場合《ばあい》に、「読《よ》み書《か》きが苦手《にがて》(だからこうしたらどう?)」と突然《とつぜん》告《つ》げることは、本人《ほんにん》がひた隠《かく》しにしている「できないこと」を見抜《みぬ》いていると伝《つた》えることにもなります。

バレてしまった恥《は》ずかしさ、悔《くや》しさ……それにショックを受《う》け、支援《しえん》を受《う》けるどころか、保護者《ほごしゃ》の方《かた》を含《ふく》む支援者《しえんしゃ》への反発《はんぱつ》につながることも考《かんが》えられます。

ここで僕《ぼく》がみなさんに伝《つた》えたいのは、「見守《みまも》ることも支援《しえん》のひとつ」だということです。

お子《こ》さんの困《こま》り感《かん》に対《たい》して、解決《かいけつ》するためのアクションを起《お》こすことだけが支援《しえん》ではありません。

お子《こ》さんが援助《えんじょ》を求《もと》めるタイミングを待《ま》つのも支援《しえん》ですし、いつでも手《て》を差《さ》し伸《の》べる準《じゅん》備《び》があるというメッセージを伝《つた》え続《つづ》けることも大《おお》きな支援《しえん》だと思《おも》います。

学校《がっこう》での様子《ようす》を聞《き》き、子《こ》どもが「大丈夫《だいじょうぶ》」と答《こた》える。

その「大丈夫《だいじょうぶ》」のトーンに変化《へんか》がないか。いつもと同《おな》じ「大丈夫《だいじょうぶ》」なのか、もう苦《くる》しくて限界《げんかい》を迎《むか》える直前《ちょくぜん》の「大丈夫《だいじょうぶ》」なのか。まだまだ本人《ほんにん》ががんばりたい「大丈夫《だいじょうぶ》」であれば、手《て》を出《だ》すのは早《はや》すぎるかもしれません。

助《たす》けてのサインを見逃《みのが》さないよう、じっくり見守《みまも》り、対話《たいわ》を重《かさ》ねてください。

ちなみに、僕《ぼく》の場合《ばあい》は……「発達性読《はったつせいよ》み書《か》き障害《しょうがい》」であることもわからず、「大丈夫《だいじょうぶ》、大丈夫《だいじょうぶ》」と言《い》いながら、限界《げんかい》まで、あるいは限界《げんかい》を超《こ》えても隠《かく》し続《つづ》けていくことになります。

3. 読《よ》み書《か》きが苦手《にがて》だということ

学校《がっこう》という場所《ばしょ》において読《よ》み書《か》きが苦手《にがて》だということは、あらゆる教科《きょうか》にまたがって影響《えいきょう》を及《およ》ぼすということだと、前《まえ》にも述《の》べました。

学級委員《がっきゅういいん》をしており、いつも人《ひと》の輪《わ》の中《なか》にいるタイプだった小学生時代《しょうがくせいじだい》の僕《ぼく》にとって、学校《がっこう》は基本的《きほんてき》には楽《たの》しい場所《ばしょ》でした。

それでも、自分《じぶん》の出席番号《しゅっせきばんごう》や誕生日《たんじょうび》に関連《かんれん》する日《ひ》だけは別《べつ》です。

「今日《きょう》は12日《にち》だから、出席番号《しゅっせきばんごう》12番《ばん》の人《ひと》、読《よ》んでください」

そのように指名《しめい》されるのが怖《こわ》かったため、学校《がっこう》に行《い》くのが苦痛《くつう》でした。

その日《ひ》の授業範囲《じゅぎょうはんい》、教科書《きょうかしょ》の中《なか》で読《よ》まされる可能性《かのうせい》の高《たか》い部分《ぶぶん》を家《いえ》で何度《なんど》も読《よ》み、ほとんど暗記《あんき》して学校《がっこう》へ行《い》っていました。

今日《きょう》は12日《にち》だから当《あ》たるかも……そう思《おも》いながら、頭《あたま》の中《なか》に教科書《きょうかしょ》の文章《ぶんしょう》をつめこみ、決死《けっし》の覚悟《かくご》で学校《がっこう》へ行《い》くのです。小学生《しょうがくせい》のときは、まだ気持《きも》ちの面《めん》だけでしたが、その後《ご》中高生《ちゅうこうせい》になってからは、緊張感《きんちょうかん》で冷《ひ》や汗《あせ》が吹《ふ》き出《だ》し、お腹《なか》が痛《いた》くなるほどでした。

文字《もじ》というのは便利《べんり》なもので、書《か》き残《のこ》しておけば時間《じかん》を選《えら》ばずに情報《じょうほう》を届《とど》けることができます。

かつては、「直接話《ちょくせつはな》す」「人《ひと》づてに伝《つた》える」以外《いがい》の手段《しゅだん》は、文字《もじ》か絵《え》にして残《のこ》すしかありませんでした。絵《え》だと伝《つた》えられない概念的《がいねんてき》なことも、文字《もじ》であれば伝《つた》えられる。文字《もじ》という道具《どうぐ》があったから、人間《にんげん》の社会《しゃかい》はここまで発展《はってん》したのだと思《おも》います。

しかし、文字《もじ》はあくまでも道具《どうぐ》に過《す》ぎません。自分《じぶん》の感《かん》じたこと、考《かんが》えたことを伝《つた》える、書《か》いて残《のこ》すための道具《どうぐ》です。

にもかかわらず、今《いま》の教育《きょういく》では学《まな》ぶときも文字情報《もじじょうほう》が中心《ちゅうしん》で、学力《がくりょく》を評価《ひょうか》する試験《しけん》も文字《もじ》ばかりです。

小中《しょうちゅう》の義務教育《ぎむきょういく》、その後《ご》の高校《こうこう》、大学《だいがく》と、学校《がっこう》にいた16年間《ねんかん》、僕《ぼく》はほぼ文字《もじ》で評価《ひょうか》されてきました。

小学校《しょうがっこう》に入《はい》る前《まえ》、文字《もじ》を学《まな》ぶ前《まえ》は、話《はな》す言葉《ことば》や身振《みぶ》り手振《てぶ》り、絵《え》、歌《うた》、ダンス……いろんな手段《しゅだん》で自由《じゆう》に表現《ひょうげん》していました。僕《ぼく》にとって、学《まな》びの場《ば》に身《み》を置《お》いていた16年間《ねんかん》、特《とく》に発達性読《はったつせいよ》み書《か》き障害《しょうがい》だと診断《しんだん》されるまでは、そのときに得《え》た自信《じしん》、自己肯定感《じここうていかん》をどんどん失《うしな》っていく期間《きかん》でもありました。

今《いま》や情報《じょうほう》を伝《つた》える手段《しゅだん》はたくさんあります。
文字《もじ》という道具《どうぐ》を使《つか》いこなせないなら、音声《おんせい》や映像《えいぞう》で残《のこ》すこともできます。
人《ひと》によって、どの手段《しゅだん》が最《もっと》も情報《じょうほう》を受《う》け取《と》りやすいのかはさまざまです。
文字《もじ》で読《よ》んだほうが情報《じょうほう》を受《う》け取《と》りやすい人《ひと》もいれば、音《おと》で聞《き》いたほうが理解《りかい》しやすい人《ひと》もいます。

発達性読《はったつせいよ》み書《か》き障害《しょうがい》の場合《ばあい》は、文字《もじ》で読《よ》むことが苦手《にがて》で、言語音《げんごおん》で聞《き》くのが得意《とくい》という人《ひと》が多《おお》く、LD《エルディー》・ディスレクシアセンターでも検査《けんさ》で言語音《げんごおん》の長期記憶力《ちょうききおくりょく》が良好《りょうこう》であると判明《はんめい》した場合《ばあい》には、90％近《ちか》くの子《こ》は言語音《げんごおん》で文字《もじ》を覚《おぼ》えるトレーニングをしているそうです。

これは「感覚《かんかく》の優位性《ゆういせい》」と表現《ひょうげん》されたりもします。視覚優位《しかくゆうい》、聴覚優位《ちょうかくゆうい》といった言葉《ことば》を、療育《りょういく》の場《ば》で聞《き》いたことのある方《かた》もいらっしゃるかもしれません。優位《ゆうい》とまではいかなくとも、苦手《にがて》な覚《おぼ》え方《かた》、苦手《にがて》じゃない覚《おぼ》え方《かた》がある方々《かたがた》も少《すく》なくないのではないでしょうか？

発達《はったつ》に凸凹《でこぼこ》があるお子《こ》さんが学《まな》ぶ手段《しゅだん》として「動画《どうが》」はとても適《てき》しているのではないかと思《おも》います。それも、音声《おんせい》があり、テロップで文字《もじ》が出《で》てくる、何度《なんど》でも見返《みかえ》せる動画《どうが》です。文字《もじ》だけで読《よ》むことが苦手《にがて》でも、音声《おんせい》とともに文字《もじ》を目《め》にすれば、読《よ》む手《て》がかりにできます。

2019年《ねん》にGIGA《ギガ》スクール構想《こうそう》という取《と》り組《く》みが開始《かいし》され、児童《じどう》・生徒《せいと》に対《たい》してひとり1台《だい》のICT《アイシーティー》端末《たんまつ》の整備《せいび》がはじまりました。教科書中心《きょうかしょちゅうしん》の学《まな》びから、ICT《アイシーティー》端末《たんまつ》を利用《りよう》した新《あたら》しい学《まな》びに変化《へんか》しつつあります。

読《よ》み上《あ》げ機能《きのう》も使《つか》えますし、オーディオブックやYouTube《ユーチューブ》で学《まな》ぶこともできます。

ただ、せっかくの変化《へんか》も、教科書《きょうかしょ》がただICT《アイシーティー》端末《たんまつ》に変《か》わっただけでは意味《いみ》がありません。

教《おし》える側《がわ》、評価《ひょうか》する側《がわ》の先生《せんせい》たち、学校《がっこう》が、文字以外《もじいがい》の手段《しゅだん》での学《まな》びについて知《し》り、またそうした手段《しゅだん》で学《まな》ぶ子《こ》どもを適正《てきせい》に評価《ひょうか》できる仕組《しく》みが必要《ひつよう》です。

まさに今《いま》、かつての僕《ぼく》のように学校《がっこう》での学《まな》びに苦痛《くつう》を感《かん》じている子《こ》がいる中《なか》で、学校《がっこう》の仕組《しく》みを変《か》えていくにはまず、文字《もじ》という手段《しゅだん》を使《つか》うことが難《むずか》しい子《こ》がいるということを理解《りかい》し、声《こえ》をあげていくことが大事《だいじ》だと思《おも》っています。何《なに》しろ、宇野先生《うのせんせい》の調査《ちょうさ》では、7~8%の子《こ》ども達《たち》が読《よ》み書《か》きが苦手《にがて》と報告《ほうこく》されているのですから。

知《し》っている人《ひと》が増《ふ》え、発達性読《はったつせいよ》み書《か》き障害《しょうがい》のことを世《よ》の中《なか》の人《ひと》が「知《し》っていて当《あ》たり前《まえ》」になれば、きっと社会《しゃかい》のあり方《かた》も変《か》わっていくはずです。

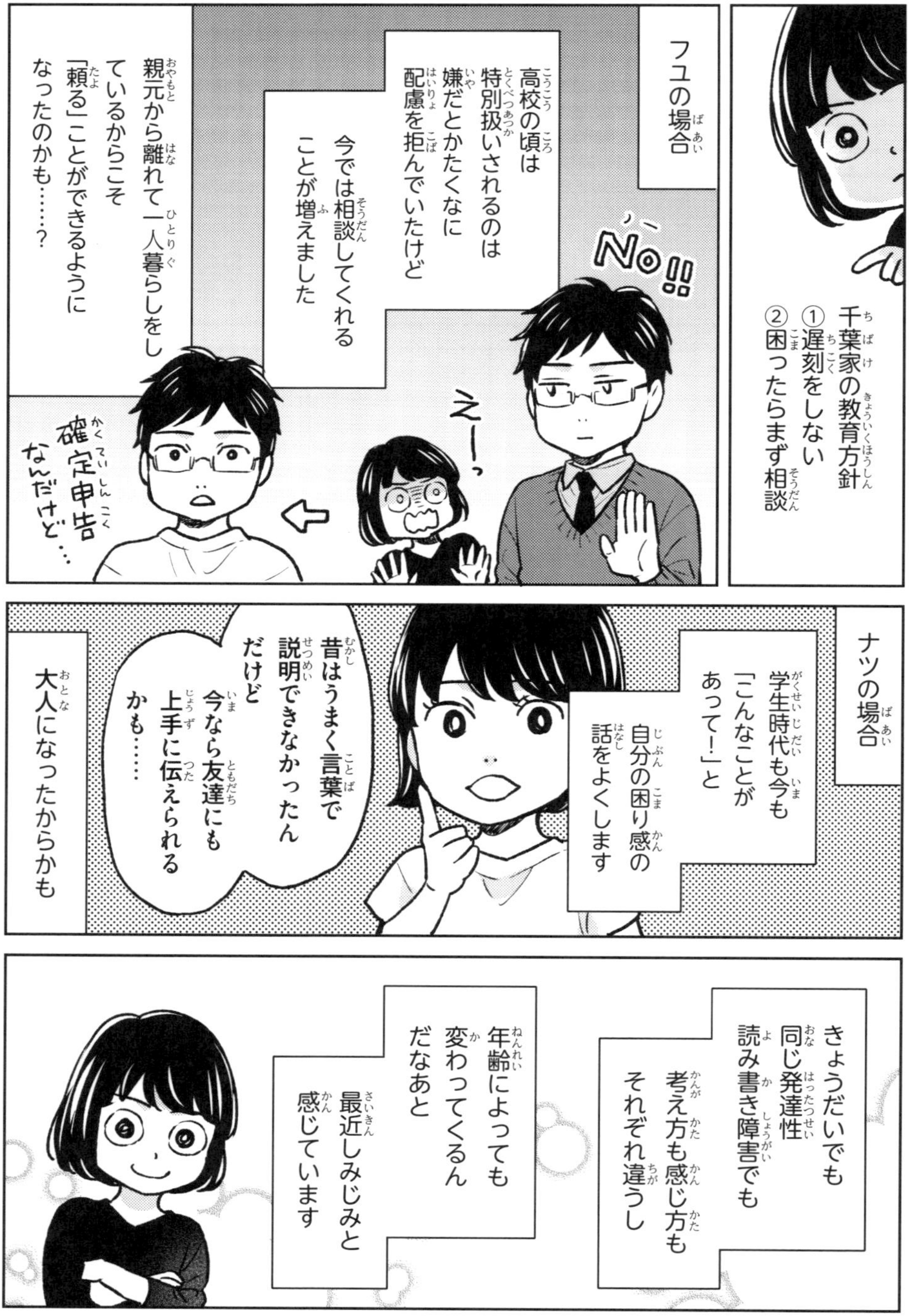
千葉《ちば》家《け》の教育方針《きょういくほうしん》
①遅刻《ちこく》をしない
②困《こま》ったらまず相談《そうだん》
フユの場合《ばあい》
高校《こうこう》の頃《ころ》は特別扱《とくべつあつか》いされるのは嫌《いや》だとかたくなに配慮《はいりょ》を拒《こば》んでいたけど
今では相談《そうだん》してくれることが増《ふ》えました
No!!
えーっ
確定申告《かくていしんこく》なんだけど……
親元《おやもと》から離《はな》れて一人暮《ひとりぐ》らしをしているからこそ「頼《たよ》る」ことができるようになったのかも……?
ナツの場合《ばあい》
学生時代《がくせいじだい》も今《いま》も「こんなことがあって!」と自分《じぶん》の困《こま》り感《かん》の話《はなし》をよくします
昔《むかし》はうまく言葉《ことば》で説明《せつめい》できなかったんだけど今《いま》なら友達《ともだち》にも上手《じょうず》に伝《つた》えられるかも……
大人《おとな》になったからかも
きょうだいでも同《おな》じ発達性《はったつせい》読《よ》み書《か》き障害《しょうがい》でも考《かん》え方《かた》も感《かん》じ方《かた》もそれぞれ違《ちが》うし
年齢《ねんれい》によっても変《か》わってくるんだなあと最近《さいきん》しみじみと感《かん》じています

4. 俺《おれ》は天才《てんさい》だ、大丈夫《だいじょうぶ》、大丈夫《だいじょうぶ》

音読《おんどく》を回避《かいひ》するようになった頃《ころ》の僕《ぼく》の口癖《くちぐせ》は、「俺《おれ》は天才《てんさい》だ!」でした。「みんなのように読《よ》む」ことへの難《むずか》しさ、違和感《いわかん》を持《も》っていたので、自分《じぶん》が天才《てんさい》ではないことは、自分《じぶん》がいちばんよくわかっていたのですが……。

今《いま》となって思《おも》えば、「俺《おれ》は天才《てんさい》だ!」と言《い》って、自分《じぶん》を鼓舞《こぶ》していたのかもしれません。自分《じぶん》で言《い》うのは恥《は》ずかしいですが、当時《とうじ》の僕《ぼく》は真面目《まじめ》で明《あか》るく、お調子者《ちょうしもの》な面《めん》があり、学級委員《がっきゅういいん》なども引《ひ》き受《う》ける、前《まえ》に出《で》るのが好《す》きな子《こ》どもでした。

テストの点数《てんすう》も「それなりに」取《と》れており、特《とく》に算数《さんすう》と理科《りか》が得意《とくい》。友達《ともだち》や先生《せんせい》、自分《じぶん》の親《おや》からも「勉強《べんきょう》ができる」と思《おも》われたくて必死《ひっし》だった頃《ころ》です。

小学校《しょうがっこう》の漢字《かんじ》テストは範囲《はんい》も狭《せま》く、よい点《てん》を取《と》ることもできました。

しかし、実際《じっさい》は100点《てん》を取《と》ったテストで書《か》いた字《じ》も、「字《じ》」として覚《おぼ》えていたのではなく、まるで絵《え》のように、その形《かたち》を暗記《あんき》していただけでした。ですから、1週間後《しゅうかんご》にはほとんど忘《わす》れてしまっていたのです。

どんなに「俺《おれ》は天才《てんさい》だ！」と言《い》って虚勢《きょせい》を張《は》っても、自分《じぶん》の中《なか》での違和感《いわかん》はどんどん大《おお》きくなっていきます。

授業中《じゅぎょうちゅう》どれだけ集中《しゅうちゅう》していても、家《いえ》で教科書《きょうかしょ》を開《ひら》けば、そこには読《よ》むことのできない文《ぶん》章《しょう》が並《なら》んでいます。

関口家《せきぐちけ》の教育方針《きょういくほうしん》は「頭《あたま》は帽子《ぼうし》をかぶれればいい」だったので、宿題《しゅくだい》さえ終《お》わらせれば、それ以上《いじょう》の家庭学習《かていがくしゅう》を求《もと》められることはありませんでした。挨拶《あいさつ》や外《そと》から帰《かえ》ったら手《て》を洗《あら》うなどの生活《せいかつ》における決《き》まりはあったものの、勉強《べんきょう》に関《かん》してはほとんどなく、あとは「犯《はん》罪《ざい》はするな、人《ひと》に迷惑《めいわく》はかけるな」と言《い》われるくらいでした。

それは僕《ぼく》にとっては幸《さいわ》いなことだったのですが、僕自身《ぼくじしん》はそれで「いい」とは思《おも》えていませんでした。みんなより勉強《べんきょう》ができる、評価《ひょうか》される自分《じぶん》でありたかったのです。

家《いえ》に親戚《しんせき》が遊《あそ》びに来《き》て「勉強《べんきょう》なんかいいから遊《あそ》ぼうぜ」と言《い》われると、僕《ぼく》は反抗心《はんこうしん》を燃《も》やして、「いや、僕《ぼく》はやるよ！」と勉強机《べんきょうづくえ》に向《む》かっていたものです。

そのがんばりで、小学校《しょうがっこう》のうちはなんとか「勉強《べんきょう》のできる関口《せきぐち》くん」を取《と》り繕《つくろ》えていたのですが、中学《ちゅうがく》になるとそうもいかなくなりました。

小学生《しょうがくせい》の頃《ころ》から少《すこ》しずつ感《かん》じていた違和感《いわかん》が、はっきりと確信《かくしん》に変《か》わりました。

僕《ぼく》はみんなとは違《ちが》うんだ、そう思《おも》わずにはいられなくなったのです。「できる、できる、大丈夫《だいじょうぶ》」とずっと自分《じぶん》に言《い》い聞《き》かせてきた僕自身《ぼくじしん》も、だんだん「大丈夫《だいじょうぶ》」のトーンが下《さ》がっていきました。いくら自分《じぶん》に言《い》い聞《き》かせても、「大丈夫《だいじょうぶ》じゃない」。できることと、どうしてもできないことの差《さ》を受《う》け止《と》めきれず、焦《あせ》りにより冷《ひ》や汗《あせ》が出《で》たり動悸《どうき》がするなどの身体的《しんたいてき》な症状《しょうじょう》が出《で》はじめました。

音読回避《おんどくかいひ》のための嘘《うそ》、そしてこうした体《からだ》への影響《えいきょう》。これらは二次障害《にじしょうがい》といわれるもので、発達性読《はったつせいよ》み書《か》き障害《しょうがい》に限《かぎ》らず、発達障害《はったつしょうがい》のある子《こ》に多《おお》く見《み》られます。

二次障害《にじしょうがい》は社会的《しゃかいてき》な病《やまい》です。社会《しゃかい》の中《なか》で自分《じぶん》らしさが認《みと》められず、本当《ほんとう》の自分《じぶん》を隠《かく》さないといけない状況《じょうきょう》に追《お》い込《こ》まれて起《お》きるものです。

そもそも発達障害《はったつしょうがい》は、人《ひと》が持《も》つさまざまな特性《とくせい》の一部《いちぶ》が強《つよ》く、社会生活《しゃかいせいかつ》において支障《ししょう》が出《で》ている場合《ばあい》に「障害《しょうがい》」とされます。特性《とくせい》が強《つよ》く出《で》ていても、社会生活《しゃかいせいかつ》でなんの支障《ししょう》もなく、周囲《しゅうい》からその人《ひと》らしさとして受《う》け入《い》れられている環境《かんきょう》では障害《しょうがい》にはなりません。

文字《もじ》で評価《ひょうか》される学《まな》びの環境《かんきょう》において、読《よ》み書《か》きが苦手《にがて》だという特性《とくせい》は障害《しょうがい》となります。そしてさらに、その障害《しょうがい》を理解《りかい》されていない状況《じょうきょう》の中《なか》では、自分《じぶん》の困《こま》り感《かん》を隠《かく》すことしかできず、二次障害《にじしょうがい》へとつながっていきます。みんなが発達性読《はったつせいよ》み書《か》き障害《しょうがい》の存在《そんざい》、読《よ》み書《か》きにも得意《とくい》・不得意《ふとくい》があり、どんなに努力《どりょく》をしても同《おな》じようにできないことがあると当《あ》たり前《まえ》に知《し》っていたら……。「知《し》ってるよ」「隠《かく》さなくて大丈夫《だいじょうぶ》だよ」「きみに合《あ》うやり方《かた》で勉強《べんきょう》しよう」そう言《い》ってもらえる環境《かんきょう》であれば、二次障害《にじしょうがい》は起《お》きないのではないでしょうか。

『「うちの子《こ》は字《じ》が書《か》けないかも」と思《おも》ったら』で、宇野先生《うのせんせい》がＬＤ《エルディー》・ディスレクシアセンターにやってきた「とにかく明《あか》るくて元気《げんき》な子《こ》」のエピソードを書《か》かれていました。

　ＬＤ《エルディー》・ディスレクシアセンターに相談《そうだん》にやってくるお子《こ》さんの多《おお》くは、自信《じしん》を喪失《そうしつ》しておどおどしている（精神的《せいしんてき》にダメージを受《う》けていて二次障害《にじしょうがい》が出《で》ている）子《こ》が多《おお》いそうです。そんな中《なか》、とにかく明《あか》るくて元気《げんき》な子《こ》。そのお母《かあ》さんにご家庭《かてい》での様子《ようす》を聞《き》くと、お父《とう》さんが「勉強《べんきょう》しなくていい」「自分《じぶん》も苦手《にがて》だったから大丈夫《だいじょうぶ》」「苦手《にがて》なのはお前《まえ》のせいじゃない」「無理《むり》して苦手《にがて》なことをしなくていい」と全面的《ぜんめんてき》に受《う》け入《い》れているということがわかった……というのです。

　周囲《しゅうい》にありのままを認《みと》められ、受《う》け入《い》れてもらえることが、子《こ》どもの精神的《せいしんてき》な安定《あんてい》につながるということがよくわかる一例《いちれい》です。

『「うちの子《こ》は字《じ》が書《か》けないかも」と思《おも》ったら』より

5. 努力不足《どりょくぶそく》？「ただ読《よ》むだけ」がどうしてもできない

中学生《ちゅうがくせい》になると、テストの範囲《はんい》が広《ひろ》くなります。単元《たんげん》ごとにテストがあった小学生《しょうがくせい》の頃《ころ》は、テストに何《なに》が出《で》るかがはっきりとわかっていたため、暗記《あんき》でなんとかカバーできていたのですが、中学《ちゅうがく》の定期《ていき》テストではそういうわけにはいきません。

いよいよ「努力《どりょく》」では「みんなとの違《ちが》い」が補《おぎな》えなくなりました。

僕《ぼく》がもっとも苦手《にがて》な「音読《おんどく》」は、みんな努力《どりょく》しなくてもできるんだということにはっきりと気付《きづ》きはじめたのもこの頃《ころ》です。授業《じゅぎょう》をサボりがちで成績《せいせき》が悪《わる》い子《こ》であっても、教科書《きょうかしょ》に書《か》いてあることを音読《おんどく》するだけであれば、それが国語《こくご》であっても英語《えいご》であってもすらすらと読《よ》みます。

ただ読《よ》むだけ――。

僕《ぼく》にはそれがとても難《むずか》しかった。

英語《えいご》の授業《じゅぎょう》で、一行読《いちぎょうよ》んだらとなりの席《せき》の子《こ》にチェックをしてもらう課題《かだい》がありました。僕《ぼく》は一向《いっこう》に進《すす》まず、となりの子《こ》がキョトンとしていたことを覚《おぼ》えています。まわりからどんどん置《お》いて行《い》かれているように感《かん》じていました。

小学校《しょうがっこう》で学級委員《がっきゅういいん》をしていた僕《ぼく》は、中学《ちゅうがく》でも学級委員《がっきゅういいん》になりました。人前《ひとまえ》に立《た》って話《はな》すこと、複数《ふくすう》の人《ひと》の意見《いけん》を調整《ちょうせい》することが好《す》きだったため、生徒会《せいとかい》にも立候補《りっこうほ》。部活《ぶかつ》では野《や》球部《きゅうぶ》の副部長《ふくぶちょう》を務《つと》めていました。

授業態度《じゅぎょうたいど》も生活態度《せいかつたいど》も真面目《まじめ》で、一生懸命取《いっしょうけんめいと》り組《く》んでいるのに、「ただ読《よ》むだけ」のことが難《むずか》しい僕《ぼく》に、先生《せんせい》たちも戸惑《とまど》っていたかもしれません。

定期《ていき》テストの直前《ちょくぜん》には、毎回家《まいかいいえ》で号泣《ごうきゅう》していました。母《はは》に「どれだけ勉強《べんきょう》してもできないんだ」と泣《な》きながら訴《うった》えていたことを覚《おぼ》えています。

母《はは》もまた、どう対応《たいおう》したらいいかわからず悩《なや》んでいたと思《おも》います。うすうす「何《なに》かが違《ちが》う」と気付《きづ》いていても、障害《しょうがい》が原因《げんいん》だとは思《おも》っていません。

そもそも、読《よ》み書《か》きが苦手《にがて》な障害《しょうがい》がある……ということを知《し》らなかったのだから当《あ》たり前《まえ》ですよね。やればできる、やり方《かた》を変《か》えればいい、そんな風《ふう》に思《おも》っていたのでしょう。

いくらやってもできないと泣《な》いて訴《うった》える僕《ぼく》に対《たい》して、母《はは》は「英語《えいご》が苦手《にがて》なんだね」「英《えい》語《ご》と国語《こくご》は計画的《けいかくてき》にやったらいいよ」と勉強《べんきょう》に付《つ》き合《あ》ってくれました。

母《はは》は理由《りゆう》がわからないなりに、僕《ぼく》のみんなに追《お》いつきたい、がんばりたいという気持《きも》ちに寄《よ》り添《そ》ってくれていました。やってもやってもできない自分《じぶん》の子《こ》の勉強《べんきょう》に付《つ》き合《あ》うのは、非常《ひじょう》につらかったのではないかと思《おも》います。わが子《こ》が苦《くる》しんで泣《な》いている様子《ようす》を間近《まぢか》に見《み》て、打《う》つ手《て》がないのですから……。

長《なが》い問題文《もんだいぶん》を読《よ》み解《と》くことを要求《ようきゅう》される英語《えいご》と国語《こくご》は、途方《とほう》もない時間《じかん》をかけて勉強《べんきょう》しました。けれど、やはり、どれだけやってもできないのです。やってもやってもできない恐怖《きょうふ》は、今《いま》も鮮明《せんめい》に覚《おぼ》えています。この努力《どりょく》が無駄《むだ》だったとは思《おも》いませんが、暗闇《くらやみ》でもがくあの感覚《かんかく》は、もう味《あじ》わいたくありません。

定期《ていき》テストでは教科書《きょうかしょ》に書《か》いてある例文《れいぶん》がそのまま出《で》ることが多《おお》いので、教科書《きょうかしょ》に書《か》いてあることを暗記《あんき》してしのいでいましたが、そうしてがんばってがんばって、なんとか定《てい》期《き》テストで少《すこ》し点数《てんすう》が取《と》れても、はじめて読《よ》む文章《ぶんしょう》は読《よ》むのに時間《じかん》も気力《きりょく》もかかります。

そうなると、実力《じつりょく》テストでは時間内《じかんない》に問題文《もんだいぶん》を読《よ》み切《き》ることも難《むずか》しく、なんとか読《よ》み切《き》れても読《よ》むのに力《ちから》を使《つか》っていて、意味《いみ》がとれません。つまりほとんど点数《てんすう》が取《と》れないのです。

なぜこんなにも文章《ぶんしょう》が読《よ》めないのか。どうして英語《えいご》と国語《こくご》だけがこんなにも、どれだけ勉強《べんきょう》しても身《み》につかないのか、学校《がっこう》の先生《せんせい》に相談《そうだん》することもできませんでした。

塾《じゅく》の先生《せんせい》からは問題《もんだい》の解《と》き方《かた》のアドバイスをもらいましたが、テクニックでカバーできることには限度《げんど》があり、定期《ていき》テストと実力《じつりょく》テストの成績《せいせき》が乖離《かいり》する理由《りゆう》についてはわからないまま。みんなは家《いえ》で自分以上《じぶんいじょう》に努力《どりょく》をしているのだ、だからもっとがんばらないと……という強《つよ》い意思《いし》が崩《くず》れていったのもこの頃《ころ》です。

過去《かこ》の自分《じぶん》の努力《どりょく》、そして母《はは》のしてくれたことに対《たい》して、後悔《こうかい》や怒《いか》りはありません。

どれだけ結果《けっか》につながりづらい努力《どりょく》だったとしても、がんばりたいと思《おも》ったことをギリギリまでがんばれる環境《かんきょう》を用意《ようい》してくれた母《はは》には感謝《かんしゃ》しています。

けれども、今《いま》、言語聴覚士《げんごちょうかくし》として支援《しえん》をするならば、この結実《けつじつ》しづらい努力《どりょく》はおすすめしません。がんばったことへの成果《せいか》が出《で》ない悔《くや》しさは、「がんばってもできないんだ」という諦《あきら》めにつながりかねないからです。

では、どうすることが最良《さいりょう》なのか？

それは、さまざまな方法《ほうほう》を提案《ていあん》することだと思《おも》います。

たとえばテストでは、問題文《もんだいぶん》にふりがなをふってもらえる支援《しえん》があるよ、ひらがなで解《かい》答《とう》してもマルにしてもらうことができるよ、英語《えいご》と国語《こくご》は別《べつ》の教室《きょうしつ》で問題文読《もんだいぶんよ》み上《あ》げ方式で受《う》けられることもあるよ。こうした方法《ほうほう》を選択《せんたく》することができれば、勉強《べんきょう》の仕方《しかた》も変《か》わるはずです。

教科書《きょうかしょ》の例文《れいぶん》をただ暗記《あんき》する時間《じかん》を、物語《ものがたり》の流《なが》れや登場人物《とうじょうじんぶつ》の心中《しんちゅう》を考《かんが》える時間《じかん》にすることができます。音《おと》から英単語《えいたんご》を覚《おぼ》える時間《じかん》にすることだってできます。

こうした内容《ないよう》をお伝《つた》えすると、結果《けっか》がすぐ出《で》る方法《ほうほう》に決《き》めてあげたくなるのではないでしょうか？

ただ、ここはガマンのしどころで、保護者《ほごしゃ》や支援者《しえんしゃ》ができるのは、選択肢《せんたくし》の提示《ていじ》まででです。子《こ》どもには子《こ》どもの考《かんが》えがあり、がんばりたいという思《おも》いがあります。さまざまな選《せん》択肢《たくし》があることを知《し》った上《うえ》で、それでもがんばりたい子《こ》に対《たい》しては、がんばりを見守《みまも》る。もうこのやり方《かた》ではがんばれない、がんばりたくない子《こ》には、新《あたら》しい選択《せんたく》を後押《あとお》しする。その見極《みきわ》めが大切《たいせつ》です。なかなか難《むずか》しいんですけどね……。

大人《おとな》のみなさんもひとりで抱《かか》え込《こ》まないようにしてくださいね。

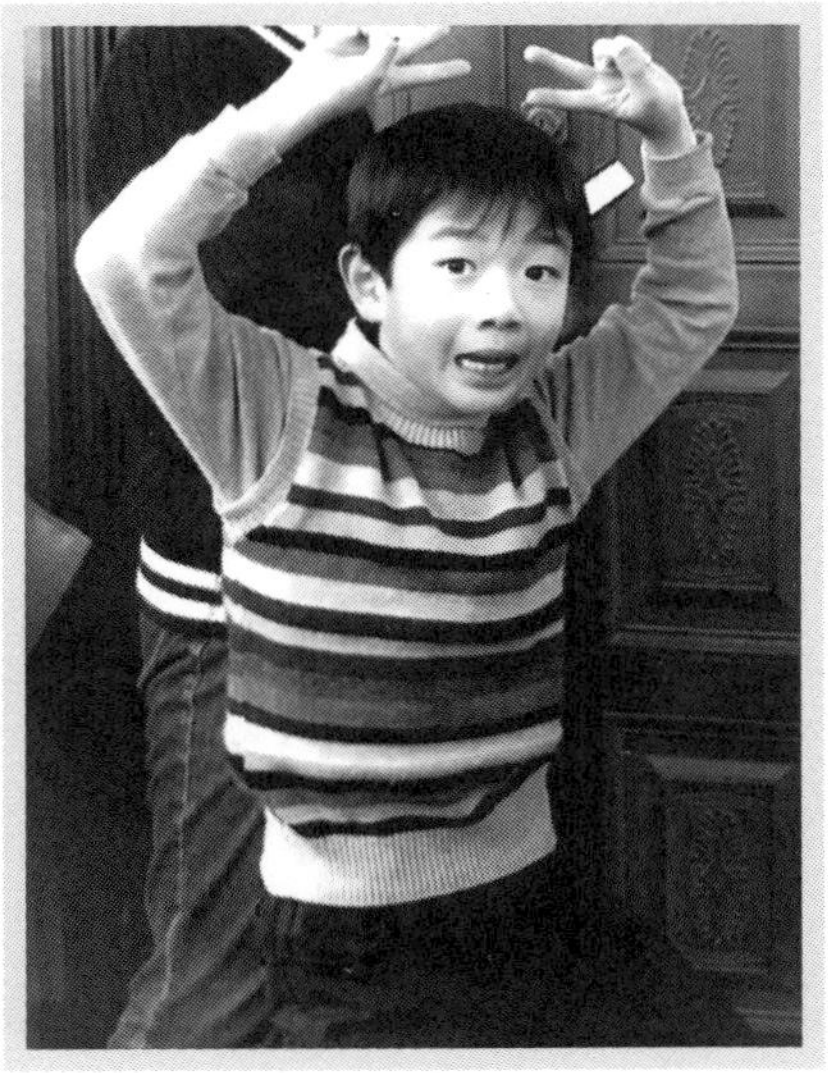

がんばって勉強《べんきょう》しながら、
苦《くる》しみを隠《かく》してふざけていた小学生《しょうがくせい》時代《じだい》

見守《みまも》る…って本当《ほんとう》に難《むずか》しい
ウゥ…
ついついこうしたほうがいいのでは？と口《くち》を出《だ》したくなってしまう
フユに対《たい》しては少《すこ》し干渉《かんしょう》しすぎたかなという思《おも》いもあります
高校《こうこう》の時《とき》…
合理的配慮《ごうりてきはいりょ》うけたほうがいいんじゃないの！？
いやだ〜〜っ
だからってわけじゃないけど家《いえ》を出《で》て一人暮《ひとりぐ》らしをはじめてからの
げんき？
げんきだよ
米いる？
米《こめ》だけおくってます
「困《こま》ってることない？」ってたまに連絡《れんらく》するだけの今《いま》の関係《かんけい》……フユにとっては気楽《きらく》なのでは…？と思《おも》ったり
ナツは私《わたし》と同《おな》じ在宅《ざいたく》での仕事《しごと》でずっと同《おな》じ家《いえ》にいるからこそ一定《いってい》の距離《きょり》を保《たも》つように心《こころ》がけています
次男《じなん》のアキは受験生《じゅけんせい》楽《たの》しく過《す》ごせる高校《こうこう》を選《えら》ぶといいよというアドバイスだけしました
選《えら》ぶのも決《き》めるのも子《こ》ども自身《じしん》

第《だい》3章《しょう》

努力《どりょく》不足《ぶそく》じゃなかった!

1. 学校《がっこう》に行《い》きたくない

高校生活《こうこうせいかつ》の授業初日《じゅぎょうしょにち》、人生《じんせい》を一変《いっぺん》させる事件《じけん》が起《お》きます。

その日《ひ》のいちばん最初《さいしょ》の授業《じゅぎょう》は国語《こくご》。現代文《げんだいぶん》。

いちばん前《まえ》の席《せき》だった僕《ぼく》は、たまたま最初《さいしょ》に音読《おんどく》を指名《しめい》されます。初見《しょけん》の文章《ぶんしょう》。緊張《きんちょう》する僕《ぼく》に、クラスメイトの視線《しせん》が集《あつ》まります。

そこで僕《ぼく》は何度《なんど》も止《と》まり、読《よ》み間違《まちが》え、止《と》まってはまた間違《まちが》え、ボロボロの音読《おんどく》をしたのです。

「この学校《がっこう》に来《き》て、その音読《おんどく》はなんですか?」

先生《せんせい》からそう叱責《しっせき》されました。

この学校《がっこう》……というのは、僕《ぼく》が進学《しんがく》したのが地元《じもと》の進学校《しんがくこう》だったからです。

僕《ぼく》は、生徒会《せいとかい》や野球部副部長《やきゅうぶふくぶちょう》、クラス委員《いいん》をしていたため内申点《ないしんてん》がよく、また、努力《どりょく》に努力《どりょく》を積《つ》み重《かさ》ねた結果《けっか》、定期《ていき》テストの点数《てんすう》はそれなりに取《と》れていたため、公立《こうりつ》の進学校《しんがくこう》に入学《にゅうがく》できてしまったのです。

3教科《きょうか》の試験《しけん》を受《う》ける私立《しりつ》であれば、同《おな》じレベルの高校《こうこう》には入《はい》れなかったでしょう。

とはいえ、その学校《がっこう》は自分《じぶん》が望《のぞ》んで入《はい》った高校《こうこう》だったので、最初《さいしょ》の授業《じゅぎょう》を受《う》けるまでは、入学《にゅうがく》できたことを嬉《うれ》しく思《おも》っていました。

家《いえ》からも近《ちか》い、伝統《でんとう》のある公立校《こうりつこう》で、何《なに》より自分《じぶん》が入《はい》りたいと思《おも》っていた男子校《だんしこう》。

そこで、「音読《おんどく》すらできない」とみんなの前《まえ》で叱《しか》られたことで、僕《ぼく》は「勉強《べんきょう》ができない」というレッテルを貼《は》られたと思《おも》い込《こ》み、一気《いっき》に自信《じしん》をなくしてしまいました。先生《せんせい》やクラスメイトからそれについて何《なに》か言《い》われたわけではなく、自《みずか》らそう思《おも》い込《こ》み、自分《じぶん》で殻《から》に閉《と》じこもってしまったのです。

音読《おんどく》ができないのは恥《は》ずかしいことだと僕自身《ぼくじしん》が思《おも》っていたから。

できないのは努力不足《どりょくぶそく》だと自分《じぶん》に言《い》い聞《き》かせて勉強《べんきょう》しましたが、それにも限界《げんかい》がありました。高校《こうこう》では、中学《ちゅうがく》までの勉強法《べんきょうほう》は通用《つうよう》しません。

これまで基本的《きほんてき》に丸暗記《まるあんき》をしていた教科書《きょうかしょ》も、情報量《じょうほうりょう》が多《おお》く、到底暗記《とうていあんき》はできません。

漢字《かんじ》やスペルにひらがなでふっていたルビも、多《おお》くてそれだけで勉強時間《べんきょうじかん》が終《お》わってしまいます。最初《さいしょ》はマルがあって、ここがとがってて……となんとなく形《かたち》で覚《おぼ》えていた英語《えいご》は、単語数《たんごすう》が増《ふ》え、似《に》た形《かたち》が出《で》てきたため判別《はんべつ》できなくなりました。「different《ディファレント》」と「difficult《ディフィカルト》」では山《やま》の形《かたち》がどう違《ちが》うかで判別《はんべつ》していたのですが……わからなくなるのも当然《とうぜん》ですよね。

努力《どりょく》ではどうにもできなくなり、中学《ちゅうがく》までと比《くら》べて成績《せいせき》がズドーンと下《さ》がりました。勉強《べんきょう》だけがすべてではない、そんな風《ふう》に思《おも》える余裕《よゆう》もありません。

みんな僕《ぼく》のことを勉強《べんきょう》ができないやつだと思《おも》っているんだ。

そう思《おも》い込《こ》むと、友人《ゆうじん》たちと一緒《いっしょ》にお弁当《べんとう》を食《た》べることすらできなくなり、ひとりでほかの校舎《こうしゃ》やトイレで食《た》べていました。周囲《しゅうい》の人《ひと》もどんどん距離《きょり》を置《お》くようになりました。

この頃《ころ》から、基本的《きほんてき》に楽観的《らっかんてき》な母《はは》も本格的《ほんかくてき》に心配《しんぱい》しはじめたようです。

2. 病院《びょういん》に連《つ》れて行《い》ってほしい

学校《がっこう》に行《い》くのが怖《こわ》いという状況《じょうきょう》まで追《お》い込《こ》まれていても、勉強時間《べんきょうじかん》を増《ふ》やす以外《いがい》にできることはなく学校《がっこう》も休《やす》みがちになりました。

登校前《とうこうまえ》になるとお腹《なか》が痛《いた》くなってしまうのです。これは過敏性腸症候群《かびんせいちょうしょうこうぐん》の症状《しょうじょう》です。「学校《がっこう》へ行《い》くこと」は、僕《ぼく》にとってそれほどのストレスになっていました。

そんな中《なか》、学校《がっこう》で三者面談《さんしゃめんだん》がありました。

僕《ぼく》の状況《じょうきょう》を心配《しんぱい》した母《はは》が、先生《せんせい》に勉強《べんきょう》についていけないことを相談《そうだん》しました。ここへ来《き》てもやはり「読《よ》み書《か》きが苦手《にがて》」という認識《にんしき》ではなかったので、漢字《かんじ》が苦手《にがて》、文章《ぶんしょう》を読《よ》むのが苦手《にがて》、英語《えいご》が苦手《にがて》……そんな風《ふう》にお話《はな》ししたと思《おも》います。

それに対《たい》する先生《せんせい》の返答《へんとう》は、僕《ぼく》にとってショックなものでした。

「一生懸命《いっしょうけんめい》がんばってるから大丈夫《だいじょうぶ》です」

大丈夫《だいじょうぶ》じゃないことを、どうしてこんなに誰《だれ》もわかってくれないんだと泣《な》き崩《くず》れそうになりました。

がんばっているからといって大丈夫《だいじょうぶ》ではない。がんばってもがんばってもできない、このつらさが誰《だれ》にも伝《つた》わらないなら、もうダメだ！

先生《せんせい》の言葉《ことば》に対《たい》して、僕《ぼく》がなんと言《い》ったのか、母《はは》がなんと答《こた》えたのかは覚《おぼ》えていません。

ただ、その帰《かえ》り道《みち》で母《はは》に「病院《びょういん》に行《い》きたい」と地面《じめん》を睨《にら》みながら言《い》ったことだけは鮮明《せんめい》に覚《おぼ》えています。

そして、長《なが》い時間《じかん》をかけた上《うえ》で、発達性読《はったつせいよ》み書《か》き障害《しょうがい》だと診断《しんだん》されました。

高校《こうこう》2年生《ねんせい》のときでした。2013年《ねん》、ようやく日本《にほん》でも少《すこ》しずつ「発達性読《はったつせいよ》み書《か》き障《しょう》害《がい》」が知《し》られてきた頃《ころ》。僕《ぼく》は、病院《びょういん》で「治療《ちりょう》もトレーニングもできない」と告《つ》げられました。

2024年《ねん》の今《いま》、「発達性読《はったつせいよ》み書《か》き障害《しょうがい》」「発達性《はったつせい》ディスレクシア」は、この頃《ころ》よりもだいぶ広《ひろ》く認知《にんち》されるようになっています。正確《せいかく》な判定《はんてい》ができ、トレーニングができる専門《せんもん》家《か》も増《ふ》えています。

発達性読《はったつせいよ》み書《か》き障害《しょうがい》を知《し》らない一般《いっぱん》の人《ひと》であっても、学習障害《がくしゅうしょうがい》、LD《エルディー》という言葉《ことば》は知《し》っている、そういう「苦手《にがて》さ」があることは知《し》っているという方《かた》も増《ふ》えています。

それでもまだこの困《こま》り感《かん》を知《し》らない人《ひと》が、大多数《だいたすう》なのではないかと思《おも》います。僕《ぼく》は学校《がっこう》の先生《せんせい》、通級《つうきゅう》やことばの教室《きょうしつ》などの職員《しょくいん》、支援員《しえんいん》の方《かた》へ向《む》けて講演会《こうえんかい》をすることもあります。先生方《せんせいがた》は「発達障害《はったつしょうがい》」はもちろん知《し》っています。「学習障害《がくしゅうしょうがい》」も知《し》っている。けれどその理解《りかい》はあいまいで、正《ただ》しく病態《びょうたい》を説明《せつめい》するのは難《むずか》しいという方《かた》が大勢《おおぜい》いることを実感《じっかん》しています。「発達性読《はったつせいよ》み書《か》き障害《しょうがい》」となるとなおさらです。先生方《せんせいがた》の努力《どりょく》も重々《じゅうじゅう》承知《しょうち》していますが、教育現場《きょういくげんば》で働《はたら》いている人《ひと》でもまだ詳《くわ》しくは知《し》らない、これが2024年《ねん》の現実《げんじつ》です。

けれど、十分《じゅうぶん》な支援《しえん》はできなくとも、まず「知《し》っている」ことに大《おお》きな意義《いぎ》があると思《おも》っています。発達性読《はったつせいよ》み書《か》き障害《しょうがい》の子《こ》どもたちの中《なか》には、学校《がっこう》ではとにかくがんばりすぎていて、放課後《ほうかご》になると疲《つか》れ果《は》ててぐったりとしてしまうという子《こ》がいます。家族《かぞく》や教育者《きょういくしゃ》が特性《とくせい》を理解《りかい》していれば、「知《し》ってるよ」「無理《むり》しなくていいよ」と本心《ほんしん》から思《おも》うことができるでしょう。その心《こころ》の在《あ》り方《かた》はお子《こ》さんの救《すく》いになります。第《だい》2章《しょう》でお話《はな》しした「二次障害《にじしょうがい》」を防《ふせ》ぐためにも、今《いま》の目標《もくひょう》は、まず知《し》ってもらうことです。正《ただ》しい理解《りかい》が広《ひろ》まることで、支援《しえん》は次第《しだい》についてくるものと信《しん》じています。

3. 努力不足《どりょくぶそく》じゃなかった！

発達性読《はったつせいよ》み書《か》き障害《しょうがい》、発達性《はったつせい》ディスレクシアだと診断《しんだん》されたとき、僕《ぼく》は救《すく》われた気分《きぶん》になりました。これまでは、腕《うで》の骨《ほね》が折《お》れているのに「ボールを投《な》げろ」と言《い》われている状態《じょうたい》だったと気付《きづ》いたからです。骨折《こっせつ》していたら投《な》げられなくて当《あ》たり前《まえ》。がんばればどうにかなるというものではありません。

この本《ほん》を読《よ》んでいる方《かた》の中《なか》には、身近《みぢか》な人《ひと》が発達性読《はったつせいよ》み書《か》き障害《しょうがい》だと判定《はんてい》され落《お》ち込《こ》んでいる方《かた》もいるでしょう。ですが、当時《とうじ》の僕《ぼく》は圧倒的《あっとうてき》な解放感《かいほうかん》を味《あじ》わっていました。

僕《ぼく》は怠《なま》けていたわけじゃない。努力不足《どりょくぶそく》じゃなかったんだ。

そう認《みと》められたように感《かん》じ、抱《かか》えていたストレスから解《と》き放《はな》たれ、「みんなのようにできないといけない」という思《おも》い込《こ》みを捨《す》てることができました。

今思《いまおも》うと少《すこ》しふっきれすぎちゃったかな、と思《おも》うほどに。

髪《かみ》にストレートパーマをかけ、眼鏡《めがね》をコンタクトに変《か》え、全部《ぜんぶ》きっちり留《と》めていたボタンを第《だい》2ボタンまではずしたら、見《み》た目《め》につられて性格《せいかく》まで明《あか》るくなり、トイレでごはんを食《た》べていた孤独《こどく》な僕《ぼく》は一変《いっぺん》して、友《とも》だちと学校《がっこう》をサボってカラオケに行《い》くほど高校生活《こうこうせいかつ》を謳歌《おうか》するようになりました。この変化《へんか》には先生《せんせい》も友《とも》だちも驚《おどろ》いたようです。

ただ、病院《びょういん》に行《い》ってから診断《しんだん》を受《う》けるまでは半年以上《はんとしいじょう》かかりました。

最初《さいしょ》は学習障害《がくしゅうしょうがい》を疑《うたが》っての受診《じゅしん》ではなく、とにかく気持《きも》ちが疲《つか》れていて不安定《ふあんてい》だったので、それを診《み》てもらうべく精神科《せいしんか》のある大《おお》きな病院《びょういん》へ行《い》きました。

ところが、何度《なんど》か通《かよ》っても検査《けんさ》まではたどりつかず、「文字《もじ》が苦手《にがて》な理由《りゆう》」はわかりませんでした。この期間《きかん》は、病院《びょういん》に通《かよ》っても改善《かいぜん》が見《み》られず、やるせない気持《きも》ちを抱《かか》えていました。

ようやく検査《けんさ》を受《う》け、診断書《しんだんしょ》が手元《てもと》にやってきたのは高校《こうこう》2年生《ねんせい》になる頃《ころ》でした。

無事《ぶじ》に(?)、発達性読《はったつせいよ》み書《か》き障害《しょうがい》であると証明《しょうめい》されたことで、学校《がっこう》に対《たい》して配慮《はいりょ》を求《もと》めることもできるようになりました。

僕《ぼく》の通《かよ》っていた高校《こうこう》は進学校《しんがくこう》だったこともあり、「この学校《がっこう》に配慮《はいりょ》が必要《ひつよう》な生徒《せいと》がいる」という認識《にんしき》をお持《も》ちの先生《せんせい》はいなかったのではないかと思《おも》います。そのため、まずは学校《がっこう》側《がわ》に診断《しんだん》を受《う》けたことの報告《ほうこく》と合《あ》わせて、授業中《じゅぎょうちゅう》にしてほしい配慮《はいりょ》について相談《そうだん》をしました。

母《はは》と一緒《いっしょ》に、どういったことで困《こま》っているかを伝《つた》え、この高校《こうこう》を卒業《そつぎょう》するためにはどうすればいいのか、具体的《ぐたいてき》な支援内容《しえんないよう》についてすり合《あ》わせていきました。

母《はは》が学校《がっこう》のＰＴＡ役員《ピーティーエーやくいん》をしており、学校側《がっこうがわ》との折衝《せっしょう》の経験《けいけん》があったことも幸《さいわ》いでした。それでも話《はな》し合《あ》いは何度《なんど》も重《かさ》ねた記憶《きおく》があります。具体的《ぐたいてき》な支援《しえん》についてすり合《あ》わせたあと、教頭先生《きょうとうせんせい》から各教科《かくきょうか》の先生《せんせい》に伝達《でんたつ》をしてもらいました。

結果《けっか》として、僕《ぼく》が高校《こうこう》で受《う》けた配慮《はいりょ》は主《おも》に次《つぎ》の２つです。

・音読《おんどく》ではなく問題形式《もんだいけいしき》で指名《しめい》する

授業中《じゅぎょうちゅう》に指名《しめい》するときに「音読《おんどく》」では当《あ》てず、一問一答形式《いちもんいっとうけいしき》にしてもらいました。一問《いちもん》一答形式《いっとうけいしき》だと「わかりません」と答《こた》えることができます。音読《おんどく》は「わかりません」と答《こた》える選択《せんたく》ができないので、逃《に》げ道《みち》がないのです。僕《ぼく》にとっては音読《おんどく》がなによりストレスだったので、この配慮《はいりょ》により安心《あんしん》して授業《じゅぎょう》が受《う》けられるようになりました。

・テストではなく、課題《かだい》で赤点《あかてん》を回避《かいひ》

英語《えいご》のテストでは、課題《かだい》により赤点《あかてん》を免除《めんじょ》してもらいました。課題《かだい》は量《りょう》が多《おお》く大変《たいへん》でしたし、当時《とうじ》の僕《ぼく》にとって最適《さいてき》な配慮《はいりょ》であったかはわかりませんが……。

本来《ほんらい》、合理的配慮《ごうりてきはいりょ》は「個人《こじん》に合《あ》った支援《しえん》を受《う》け、学《まな》びを深《ふか》める」ために行《おこな》われます。しかし、このとき僕《ぼく》が受《う》けていた配慮《はいりょ》の目的《もくてき》は「卒業《そつぎょう》」でした。学《まな》べる環境《かんきょう》を整《ととの》えるための配慮《はいりょ》ではなく、僕《ぼく》が卒業《そつぎょう》するにはどうしたらよいかを考《かんが》えての決定《けってい》だったのです。赤点《あかてん》を回避《かいひ》するための課題《かだい》という配慮《はいりょ》。授業《じゅぎょう》に出席《しゅっせき》し、赤点《あかてん》を回避《かいひ》すれば卒業《そつぎょう》ができる。そう考《かんが》えた上《うえ》での2つの配慮《はいりょ》でした。

僕《ぼく》は配慮《はいりょ》により、学校《がっこう》に通《かよ》うことができ、無事《ぶじ》に卒業《そつぎょう》することができました。気《き》にかけてくれる先生《せんせい》が学校《がっこう》にいることに安心感《あんしんかん》があり、勉強《べんきょう》への意欲《いよく》を保《たも》つことができたので、配慮《はいりょ》を実施《じっし》してくれた学校《がっこう》には感謝《かんしゃ》をしています。

ですが、もし当時《とうじ》の自分《じぶん》にアドバイスができるなら、テストでの配慮《はいりょ》もしてほしかったと伝《つた》えるでしょう。たとえば選択方式《せんたくほうしき》のテストにしてもらい、記述回答《きじゅつかいとう》はなしにしたり、問題文《もんだいぶん》にふりがなをふったり、読《よ》み上《あ》げてもらったり。配布物《はいふぶつ》やプリントにもふりがながあればよかったなど、「こうすればもっと多《おお》くのことが学《まな》べたのに」と思《おも》うことはいろいろあります。

こうした配慮《はいりょ》は、僕《ぼく》が高校生《こうこうせい》だった頃《ころ》よりも一般的《いっぱんてき》に広《ひろ》まってきているのではないかと思《おも》います。また、高校以前《こうこういぜん》に小中学校《しょうちゅうがっこう》でも、合理的配慮《ごうりてきはいりょ》の例《れい》は増《ふ》えてきています。しかしそれでもまだ、適切《てきせつ》な配慮《はいりょ》を受《う》けるには情報《じょうほう》が足《た》りていないと感《かん》じています。まだまだ変《へん》化《か》の途上《とじょう》であり、地域差《ちいきさ》も大《おお》きく、配慮《はいりょ》の実例《じつれい》はあっても、その情報《じょうほう》が広《ひろ》く知《し》られてはいません。忙《いそが》しい先生方《せんせいがた》が通常《つうじょう》の学級運営《がっきゅううんえい》と個別《こべつ》の配慮《はいりょ》をどのようにして両立《りょうりつ》すればいいのかのガイドラインもありません。

現在《げんざい》、その子《こ》にあった配慮《はいりょ》を受《う》けるには、保護者《ほごしゃ》が学校《がっこう》や教育委員会《きょういくいいんかい》へ説明《せつめい》しなければなりません。療育《りょういく》センターに通《かよ》う保護者《ほごしゃ》の方々《かたがた》を見《み》ていても、家事《かじ》や育児《いくじ》、仕事《しごと》に追《お》われながらさまざまな手続《てつづ》きをするのは、体力的《たいりょくてき》にも精神的《せいしんてき》にも負担《ふたん》が大《おお》きいものだと感《かん》じています。

僕自身《ぼくじしん》がつらい気持《きも》ちでいっぱいだったときには、母《はは》の苦労《くろう》に思《おも》いをはせることはできませんでしたが、母《はは》もきっと言葉《ことば》にできない感情《かんじょう》を抱《かか》えていたのだと思《おも》います。ちょうど同《おな》じ時期《じき》に父《ちち》の病気《びょうき》が発覚《はっかく》したこともあり、母《はは》は父《ちち》のケアをしながら、僕《ぼく》の病院《びょういん》や検査《けんさ》に付《つ》き添《そ》ってくれていました。病院《びょういん》めぐり、検査《けんさ》、発達性読《はったつせいよ》み書《か》き障害《しょうがい》の判定《はんてい》、その後《ご》の大《だい》学受験《がくじゅけん》……母《はは》はそのすべてに寄《よ》り添《そ》ってくれました。父《ちち》は僕《ぼく》が18歳《さい》のときに帰《かえ》らぬ人《ひと》となりました。晩年《ばんねん》は畑《はたけ》を耕《たがや》し野菜《やさい》を育《そだ》て、温《あたた》かい心《こころ》で僕《ぼく》の健《すこ》やかな成長《せいちょう》を見守《みまも》ってくれていました。今《いま》でも感謝《かんしゃ》しています。

そんな中《なか》、僕《ぼく》と一緒《いっしょ》に呼《よ》ばれた講演会《こうえんかい》で、母《はは》はこう語《かた》っていました。子《こ》どもの障害《しょうがい》と向《む》き合《あ》う中《なか》でいちばん大切《たいせつ》にしていたのは「自分《じぶん》を追《お》い詰《つ》めず、子《こ》ども追《お》い詰《つ》めないこと」だと。

合理的配慮《ごうりてきはいりょ》の実現《じつげん》により、お子《こ》さんが安心《あんしん》して学校《がっこう》に通《かよ》えるようになるのはよいことですが、その交渉《こうしょう》に注力《ちゅうりょく》するあまりあなたが追《お》い詰《つ》められてしまったら本末転倒《ほんまつてんとう》です。

みなさんは今《いま》、追《お》い詰《つ》められていませんか？

お子《こ》さんを追《お》い詰《つ》めそうになっていませんか？

お子《こ》さんの学《まな》びの状態《じょうたい》や学校《がっこう》への配慮《はいりょ》について情報交換《じょうほうこうかん》をしたり、悩《なや》みを相談《そうだん》できる場《ば》所《しょ》は、みなさんの近《ちか》くにありますか？

時《とき》には、あなたも息抜《いきぬ》きしてくださいね。

4. はじめての告白《こくはく》

小中学校《しょうちゅうがっこう》を通《とお》して、たくさんの友《とも》だちに恵《めぐ》まれましたが、一度《いちど》も読《よ》み書《か》きが苦手《にがて》だと話《はな》したことはありませんでした。というのも、何度《なんど》も書《か》いているように、僕自身《ぼくじしん》が本気《ほんき》で「努力不足《どりょくぶそく》」だと思《おも》っていたから。

みんなはもっと努力《どりょく》してスラスラと書《か》けるようになっているのだから、読《よ》み書《か》きが苦手《にがて》だと言《い》うのは「努力《どりょく》が苦手《にがて》だ」と言《い》うのと同《おな》じようなものだと捉《とら》えていたのです。

もちろん言語化《げんごか》はできていませんから、感覚的《かんかくてき》に……です。発達性読《はったつせいよ》み書《か》き障害《しょうがい》と診断《しんだん》され、困《こま》り感《かん》に名前《なまえ》がついたあとでも、「話《はな》しても伝《つた》わらない」と思《おも》っていました。「なんで?」「なにそれ?」「大丈夫《だいじょうぶ》でしょ!」と言《い》われて終《お》わりになるのも怖《こわ》かった。変《へん》な目《め》で見《み》られるかもしれないという不安《ふあん》もありました。

ただ、高校生活《こうこうせいかつ》の中《なか》で3人《にん》だけ発達性読《はったつせいよ》み書《か》き障害《しょうがい》であると伝《つた》えた相手《あいて》がいました。最初《さいしょ》に話《はな》したのは、小学校《しょうがっこう》から付《つ》き合《あ》いのある部活《ぶかつ》(合唱部《がっしょうぶ》)の親友《しんゆう》。この人《ひと》からなら何《なに》を言《い》われてもいいと心《こころ》から思《おも》える相手《あいて》でした。

「俺《おれ》、読《よ》み書《か》きが苦手《にがて》な障害《しょうがい》なんだって」という告白《こくはく》への、彼《かれ》の返事《へんじ》は「あ、そうなんだ」というあっさりしたものでした。僕《ぼく》は、それがなんだか嬉《うれ》しかった。

「楽譜読《がくふよ》むのは俺《おれ》がやろうか？」

その言葉《ことば》に何度救《なんどすく》われたかわかりません。

けれど、クラスではもちろん、一緒《いっしょ》に授業《じゅぎょう》をサボってカラオケに行《い》っていたほかの友《とも》だちには話《はな》すことができませんでした。

元《もと》クラスメイトに、自分《じぶん》の障害《しょうがい》について話《はな》せるようになったのはつい最近《さいきん》のことです。発達性読《はったつせいよ》み書《か》き障害《しょうがい》のことは知《し》らなかったので、その場《ば》で検索《けんさく》して調《しら》べてもらいました。高校《こうこう》の頃《ころ》は絶対言《ぜったいい》えないと思《おも》っていた相手《あいて》に、カミングアウトではなく、自分《じぶん》の近況《きんきょう》を話《はな》すような世間話《せけんばなし》として、まるで「花粉症《かふんしょう》なんだ」と言《い》うのと同《おな》じくらい気軽《きがる》に「発達性《はったつせい》読《よ》み書《か》き障害《しょうがい》なんだ」と言《い》えた。この心境《しんきょう》の変化《へんか》はどこから生《う》まれたのでしょうか。

それは「ありのままの自分《じぶん》」を受《う》け入《い》れることができたからだと思《おも》います。

どんなに努力《どりょく》してもできないと思《おも》い悩《なや》んでいた小中学生《しょうちゅうがくせい》の頃《ころ》、判定《はんてい》を受《う》けたばかりの高校生《こうせい》の頃《ころ》は、とにかく自信《じしん》がありませんでした。現在《げんざい》は、悩《なや》んでもどうにもならないことと努力《どりょく》でなんとかなるものを見極《みきわ》め、肯定的《こうていてき》に諦《あきら》めながら前《まえ》に進《すす》んでいます。何《なに》をもって自分《じぶん》の心《こころ》が満《み》たされて「大丈夫《だいじょうぶ》」になるのかは、個人差《こじんさ》があると思《おも》います。僕《ぼく》にとっては家族《かぞく》と自立《じりつ》して生活《せいかつ》できることでしたが、友《とも》だちという人《ひと》もいれば、年収《ねんしゅう》や経《けい》験《けん》という人《ひと》も、肩書《かたが》きやSNS《エスエヌエス》のフォロワー数《すう》という人《ひと》もいるでしょう。

ここで感《かん》じたのは「二次障害《にじしょうがい》」を起《お》こしていたときと、今《いま》の安定感《あんていかん》との違《ちが》いです。

読《よ》み書《か》きが苦手《にがて》なのは変《か》わっていないにもかかわらず、職場《しょくば》でも家庭《かてい》でも自分《じぶん》の苦手《にがて》を理解《りかい》してもらえて安心《あんしん》できていること。それ以外《いがい》のことは指摘《してき》されますが、いちばん苦手《にがて》で自分《じぶん》の努力《どりょく》ではどうにもできない「読《よ》み書《か》き」については指摘《してき》されない。読《よ》み書《か》きが苦《にが》手《て》なことが、自分《じぶん》の評価《ひょうか》を下《さ》げない環境《かんきょう》。それがあってはじめて僕《ぼく》は、ありのままの自分《じぶん》のことを受《う》け入《い》れられるのだと気付《きづ》きました。

弱《よわ》い（苦手《にがて》な）部分《ぶぶん》を相手《あいて》に見《み》せたらどう思《おも》われるのだろうかという不安《ふあん》は、たとえどんな自分《じぶん》を見《み》せても大丈夫《だいじょうぶ》だと思《おも》える拠《よ》り所《どころ》を複数《ふくすう》得《え》ることで消失《しょうしつ》したのです。

今《いま》、誰《だれ》にも言《い》えない苦《くる》しみを抱《かか》えている子《こ》どもたちに、いつかこういう日《ひ》が訪《おとず》れるように願《ねが》うとともに、そんな子《こ》どもたちと関《かか》わるときには、かつての苦《くる》しみ、あのときの気持《きも》ちを忘《わす》れまいと誓《ちか》っています。みんなのつらさを、「大《たい》したことない」と言《い》う権利《けんり》は誰《だれ》にもないと僕自身《ぼくじしん》が身《み》をもって知《し》っているから。

僕《ぼく》のこの経験《けいけん》は、「いつか大丈夫《だいじょうぶ》になる日《ひ》が来《く》る」と保護者《ほごしゃ》のみなさんの安心材料《あんしんざいりょう》としてお伝《つた》えしましたが、困《こま》っているお子《こ》さんに直接伝《ちょくせつつた》えることには注意《ちゅうい》が必要《ひつよう》です。

「いつか大丈夫《だいじょうぶ》になる日《ひ》が来《く》るから大丈夫《だいじょうぶ》」というのは、さまざまな経験《けいけん》を乗《の》り越《こ》えてきた大人《おとな》だから言《い》えることであり、子《こ》どもにとっては苦《くる》しみをわかってもらえないという、さらなる苦《くる》しみを生《う》み出《だ》すことにもなりかねませんからね……。

5. それでも負《ま》けたくない

努力不足《どりょくぶそく》でできないのではなく、発達性読《はったつせいよ》み書《か》き障害《しょうがい》が原因《げんいん》だとわかったこと、そして配慮《はいりょ》を受《う》けることが「合理的《ごうりてき》」であるという判断《はんだん》をしてもらえたことで、授業《じゅぎょう》の受《う》け方《かた》も変《か》わりました。

学校《がっこう》の授業《じゅぎょう》というものの、受《う》け止《と》め方《かた》が変《か》わったと言《い》ってもいいかもしれません。

いきなり垢《あか》ぬけたり、授業《じゅぎょう》をサボったりしたことも、僕《ぼく》がそれまでとらわれていた固定《こてい》観念《かんねん》から解放《かいほう》されるきっかけだったように思《おも》います。

視野《しや》が広《ひろ》がり、「こうでなければいけない」から「それぞれでいいんだ」と思《おも》えるようになったのです。

授業《じゅぎょう》の時間《じかん》は、その教科《きょうか》のその単元《たんげん》にしっかり取《と》り組《く》まなければいけないという意識《いしき》が薄《うす》れ、やってもやってもできない国語《こくご》と英語《えいご》の授業《じゅぎょう》は、「好《す》きな教科《きょうか》」の内職時間《ないしょくじかん》になりました。

（ときどきサボることはあれど、まったく勉強《べんきょう》しなくなったというわけではありませんよ？ 笑《わらい》）

これは進学校《しんがくこう》ならではの傾向《けいこう》かもしれませんが、基本的《きほんてき》に生徒《せいと》はみんな、大学受験《だいがくじゅけん》に必要《ひつよう》な各教科《かくきょうか》を均等《きんとう》に勉強《べんきょう》していました。

僕《ぼく》は、英語《えいご》や国語《こくご》はどうしたってダメなのでこの2教科《きょうか》については勉強《べんきょう》しないことに決《き》めたのです。その時間《じかん》は、自分《じぶん》が得意《とくい》な数学《すうがく》や理系《りけい》の教科《きょうか》、そしてほかの生徒《せいと》があまり勉強《べん》強《きょう》しない教科《きょうか》を内職《ないしょく》していました。

ほかの生徒《せいと》があまり勉強《べんきょう》しない教科《きょうか》というのは、一般的《いっぱんてき》な受験《じゅけん》に関係《かんけい》ない音楽《おんがく》や家庭科《かていか》などのことです。たとえ受験《じゅけん》に関係《かんけい》がなかろうと、国語《こくご》や英語《えいご》が最下位《さいかい》であっても、高得《こうとく》点《てん》が取《と》れ、クラス1位《い》になれると自己肯定感《じここうていかん》が高《たか》まります。

また、教室《きょうしつ》での「扱《あつか》い」も変《か》わってきました。音楽《おんがく》や家庭科《かていか》がクラストップで、国語《こくご》、英語《えいご》は最下位《さいかい》というのは、進学校《しんがくこう》では「変《か》わったヤツ」です。勉強《べんきょう》ができない真面目《まじめ》なヤツから、おもしろ路線《ろせん》にキャラ変《へん》した感《かん》じ……といえば伝《つた》わるでしょうか？

関口《せきぐち》はそういうキャラと認識《にんしき》されたことで、英語《えいご》の授業《じゅぎょう》で音読《おんどく》を指名《しめい》されたとき、「俺《おれ》はやらない！　変《か》わりにこいつがやります」と近《ちか》くの席《せき》の友《とも》だちに押《お》し付《つ》けて、顔《かお》を伏《ふ》せて寝《ね》たふりをしても「まあ仕方《しかた》ない」という空気《くうき》になりました。

これもひとつの処世術《しょせいじゅつ》といえるかもしれません。

読《よ》み書《か》きが苦手《にがて》なのは、努力不足《どりょくぶそく》だからではない。特性《とくせい》だ。できないことは負《ま》けではない。

そう頭《あたま》では理解《りかい》していても、みんなが当《あ》たり前《まえ》にできていることができないというのはつらいものです。ましてや、まわりからできないと思《おも》われるのはさらに。

「読《よ》めない」のではなく、「読《よ》まない」変《か》わったヤツだという受《う》け取《と》られ方《かた》は、僕自身《ぼくじしん》の心《こころ》の平穏《へいおん》につながりました。

こう考《かんが》えると、当時《とうじ》の僕《ぼく》にとって、学校《がっこう》という居場所《いばしょ》は人生《じんせい》の大半《たいはん》を占《し》めていたのですね。

最近《さいきん》では、オンラインで学《まな》べる環境《かんきょう》も整《ととの》いつつあります。自治体《じちたい》によっても対応《たいおう》にはかなり差《さ》があるため、過渡期《かとき》ではありますが、僕《ぼく》が学生《がくせい》だった頃《ころ》よりも「学校《がっこう》に行《い》かない」を選択肢《せんたくし》のひとつとして持《も》てる場合《ばあい》が増《ふ》えているのではないでしょうか。

ただ、学《まな》ぶことはひとりでも保護者《ほごしゃ》の方《かた》とでもできますが、社会性《しゃかいせい》を育《はぐく》むという点《てん》では、年齢《ねんれい》の近《ちか》い複数《ふくすう》の人《ひと》と交流《こうりゅう》することの影響《えいきょう》の大《おお》きさを感《かん》じるという声《こえ》も耳《みみ》にしています。

子《こ》どもたちの「学《まな》びたい」「成長《せいちょう》したい」という欲求《よっきゅう》は、生《う》まれたときから持《も》っているものだと思《おも》います。読《よ》み書《か》きが苦手《にがて》な子《こ》どもたちからその気持《きも》ちを、活力《かつりょく》を奪《うば》っているのは、文字《もじ》で評価《ひょうか》される学校《がっこう》という場《ば》の頑《かたく》なさなのではないかと感《かん》じます。

文部科学省《もんぶかがくしょう》が公表《こうひょう》した調査結果《ちょうさけっか》によると、２０２２年度《ねんど》の小中学校《しょうちゅうがっこう》における不登校者《ふとうこうしゃ》の人数《にんずう》は29万《まん》９０４８人《にん》でした。これは過去最多《かこさいた》の人数《にんずう》です。こうした中《なか》ですから、学校以《がっこうい》外《がい》の場《ば》で学《まな》び、社会性《しゃかいせい》を身《み》につけていくこともひとつの手段《しゅだん》として保護者《ほごしゃ》の方《かた》には認識《にんしき》していただければと思《おも》います。もちろんこの不登校《ふとうこう》のお子《こ》さんたちがみんな読《よ》み書《か》きに困難《こんなん》があるわけではないでしょう。ＡＳＤ《エーエスディー》やＡＤＨＤ《エーディーエイチディー》、あるいはほかの難病《なんびょう》や身体的《しんたいてき》な不自由《ふじゆう》さ、家庭《かてい》の事情《じじょう》など考《かんが》えうる可能性《かのうせい》は多岐《たき》にわたります。

こうした多様《たよう》な子《こ》どもたちがみんな、それぞれの特性《とくせい》、個性《こせい》に合《あ》う学《まな》びができる環境《かんきょう》……学校《がっこう》が多様化《たようか》すること、また、学校以外《がっこういがい》の受《う》け皿《ざら》が広《ひろ》がることを願《ねが》っています。

念《ねん》のため補足《ほそく》として、学校《がっこう》へ行《い》くことがよいこと、行《い》けないのが悪《わる》いことではないことは当然《とうぜん》として、読《よ》み書《か》きが苦手《にがて》な場合《ばあい》は学校以外《がっこういがい》の場所《ばしょ》で学《まな》ぶのがよりよいということではないことも書《か》き添《そ》えておきます。

どれもすべて、横並《よこなら》びの選択肢《せんたくし》のひとつとご理解《りかい》ください。

もともと僕《ぼく》は「困《こま》っているお子《こ》さんを支援《しえん》したい」という一心《いっしん》で臨床《りんしょう》の現場《げんば》へ飛《と》び込《こ》みました。お子《こ》さんが中心《ちゅうしん》で、「子《こ》ども」さえうまくいけばいいと思《おも》っていたのです。

しかし、次第《しだい》にお子《こ》さんを通《とお》して、保護者《ほごしゃ》の方《かた》の存在《そんざい》がとても大《おお》きいことを知《し》ります。保護者《ほごしゃ》の方《かた》は、お子《こ》さんにとってのいちばん身近《みぢか》な存在《そんざい》。いちばん頼《たよ》れる大人《おとな》です。お子《こ》さんの成長《せいちょう》は親《おや》にとっての喜《よろこ》びだと感《かん》じます。生《う》まれてすぐの泣《な》くことしかできなかった頃《ころ》からずっと大切《たいせつ》で、いつまでも愛《いと》おしい存在《そんざい》ではないでしょうか。しかし、気《き》が付《つ》くと、他《ほか》の誰《だれ》かと比《くら》べて優秀《ゆうしゅう》であるかを軸《じく》に評価《ひょうか》を下《くだ》している……。そんな経験《けいけん》はありませんか？

僕《ぼく》は臨床《りんしょう》において「困難《こんなん》を克服《こくふく》しよう」ではなく、その子《こ》らしさを尊重《そんちょう》し、今《いま》できていることに目《め》を向《む》け、一緒《いっしょ》に成功体験《せいこうたいけん》を積《つ》むことを大切《たいせつ》にしています。成長《せいちょう》していく姿《すがた》を保護者《ほごしゃ》の方《かた》と一緒《いっしょ》に喜《よろこ》び、感動《かんどう》を分《わ》かち合《あ》う……。

ご家庭《かてい》で、お子《こ》さんが小《ち》さかった頃《ころ》の写真《しゃしん》を見返《みかえ》しながら、当時《とうじ》のことを思《おも》い出《だ》してみてください。

あなたの受《う》け止《と》め方《かた》で、子《こ》どもの「感《かん》じ方《かた》」は変《か》わります。

62ページで、保護者《ほごしゃ》がお子《こ》さんの苦手《にがて》を全面的《ぜんめんてき》に受《う》け入《い》れていて、子《こ》どもが自信《じしん》を損《そこ》なわずにいられたという例《れい》をお伝《つた》えしました。保護者《ほごしゃ》の方《かた》の知識《ちしき》と理解《りかい》、「ありのままの自《じ》分《ぶん》」が受《う》け入《い》れられていると感《かん》じられること、成功体験《せいこうたいけん》の積《つ》み重《かさ》ね、こうした身近《みぢか》な環境《かんきょう》により、子《こ》どもにとって社会《しゃかい》の捉《とら》え方《かた》は大《おお》きく変《か》わっていきます。今《いま》では家《いえ》が「居心地《いごこち》のよい場所《ばしょ》」であることも大切《たいせつ》な支援《しえん》のひとつであると感《かん》じています。

〈関口《せきぐち》の母《はは》からみなさんへ〉

息子《むすこ》が「発達性読《はったつせいよ》み書《か》き障害《しょうがい》」であるとわかったとき、できることなら治《なお》してあげたい。絶対《ぜったい》になんとかしようと思《おも》いました。

けれど、調《しら》べた結果《けっか》わかったのは、「治《なお》らない」ということだけ。

はじめは、障害《しょうがい》のある子《こ》に生《う》んでしまったと自分《じぶん》を責《せ》めました。

その後《ご》、夫《おっと》の早《はや》すぎる死《し》もあり、息子《むすこ》につらく当《あ》たったこともありました。

最終的《さいしゅうてき》に、私《わたし》が実感《じっかん》し、心《こころ》に決《き》めたのは「自分《じぶん》を追《お》い詰《つ》めず、子《こ》どもも追《お》い詰《つ》めないこと」です。

これがなにより大切《たいせつ》だと思《おも》います。

今《いま》この一時《いっとき》の成長《せいちょう》を楽《たの》しみましょう。気《き》が付《つ》いたら、親《おや》ができるのは「お米《こめ》を送《おく》る」ことくらいしかなくなりますよ。

自分《じぶん》も子《こ》ども追《お》いつめない
これ大事《だいじ》！
…ナツも高校《こうこう》の時《とき》 関口《せきぐち》さんと同《おな》じように「英文《えいぶん》の日本語訳《にほんごやく》を丸暗記《まるあんき》」して定期《ていき》テストに臨《のぞ》んでたなあ……
この英文《えいぶん》はこの訳《やく》のはず
と思《おも》って答《こた》え書《か》いたら1行《ぎょう》ずれててまちがっちゃった!!!
わははは
おっ…おう…
ナツくらい割《わ》り切《き》って考《かんが》えていいのかもしれない
どんなにがんばってもできないんだから!!
学校《がっこう》の勉強《べんきょう》は私《わたし》にとってはムダ
絵《え》を描《か》く勉強《べんきょう》をする!!
って思《おも》えたのは子《こ》どもたちが発達性《はったつせい》読《よ》み書《か》き障害《しょうがい》と判定《はんてい》されてずいぶん経《た》ってからだけど
私《わたし》はいつか絶対《ぜったい》マンガにして世《よ》の中《なか》に発表《はっぴょう》するぞという強《つよ》い思《おも》いがあったから冷静《れいせい》に見《み》れていた部分《ぶぶん》があったのかもなあ…と今《いま》になって思《おも》います
…!
まあ…よくつかれはててこんな→かんじになってましたが…

第《だい》4章《しょう》

自《じ》分《ぶん》の障《しょう》害《がい》について知《し》りたい

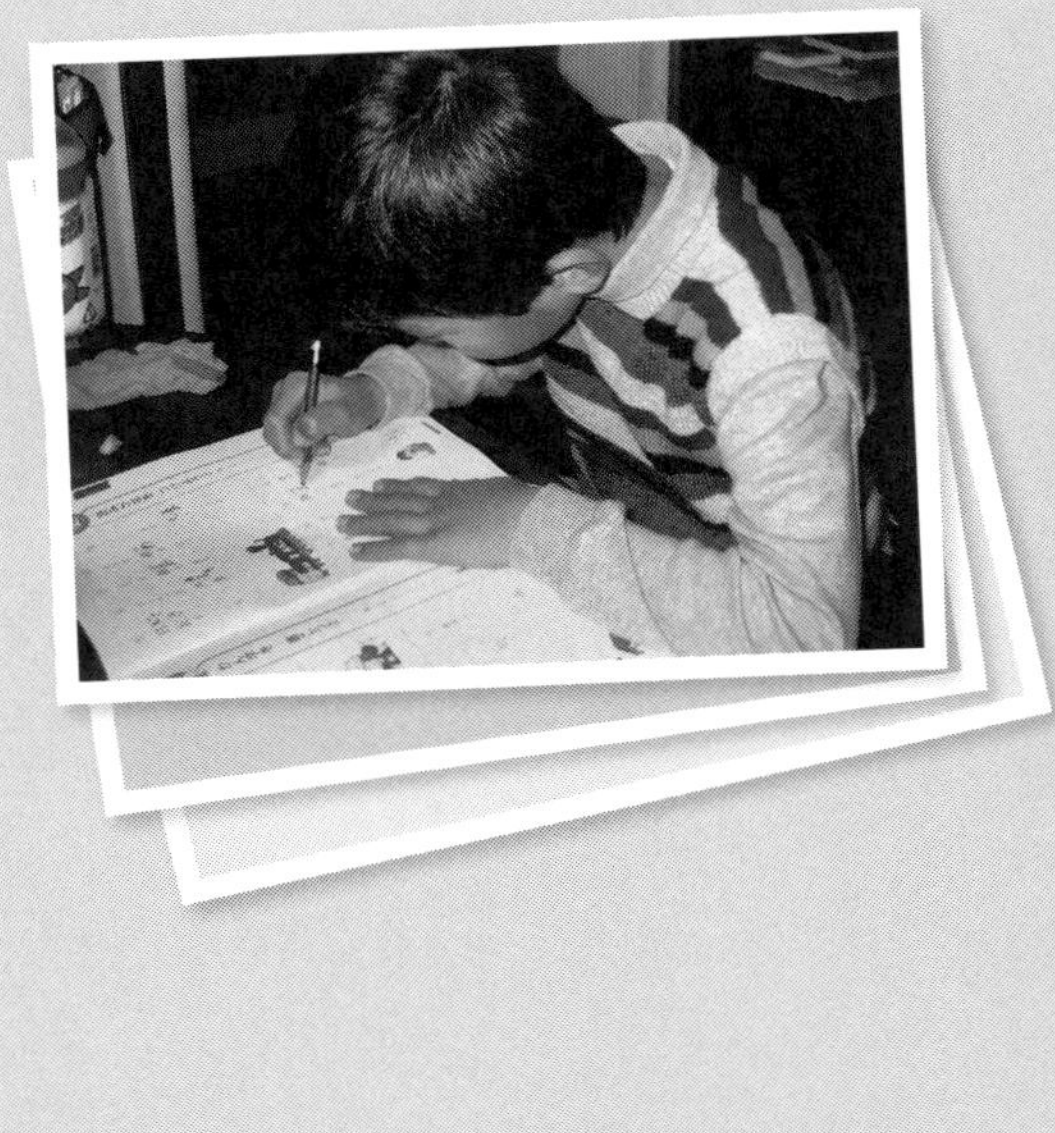

1. 困《こま》り感《かん》のある人《ひと》に寄《よ》り添《そ》いたい

変《か》わったキャラとして受《う》け入《い》れられ、友《とも》だちが増《ふ》え、学校《がっこう》の居心地《いごこち》がよくなっても、そのままの高校生活《こうこうせいかつ》がずっと続《つづ》くわけではありません。

どんなに先延《さきの》ばしにしていても、高校《こうこう》3年生《ねんせい》になれば受験《じゅけん》に向《む》けた本格的《ほんかくてき》な対策《たいさく》がはじまります。

技能教科《ぎのうきょうか》でいくら満点《まんてん》を取《と》っても、一般的《いっぱんてき》な大学受験《だいがくじゅけん》では通用《つうよう》しません。中学校《ちゅうがっこう》から高《こう》校《こう》への進学《しんがく》のように、内申点《ないしんてん》がよければなんとかなるということもありません（そもそも、途中《とちゅう》からひねくれちゃったので内申点《ないしんてん》もよくはなかったでしょうが……）。

周囲《しゅうい》の友人《ゆうじん》たちの進学先《しんがくさき》はどこもレベルが高《たか》く、読《よ》み書《か》きが苦手《にがて》な僕《ぼく》が到底入学《とうていにゅうがく》を望《のぞ》める先《さき》ではなく、「みんなと違《ちが》う」ということをふたたび強《つよ》く意識《いしき》せざるを得《え》ませんでした。

そういう状況《じょうきょう》で進学《しんがく》のことを考《かんが》えるのはなかなかキツイものはあったのですが、自分《じぶん》と向《む》き合《あ》う中《なか》で、次第《しだい》に「自分《じぶん》の障害《しょうがい》のことをもっと知《し》りたい」という思《おも》いが芽生《めば》えてきました。

読《よ》み書《か》きが苦手《にがて》だから、障害《しょうがい》だからといって、このまま受験《じゅけん》や大学《だいがく》への進学《しんがく》を諦《あきら》めたくない。

進学《しんがく》だけではない。自分自身《じぶんじしん》の未来《みらい》を諦《あきら》めないためにも、もっと自分《じぶん》の障害《しょうがい》について知《し》りたい。原因《げんいん》や対処法《たいしょほう》、訓練法《くんれんほう》を知《し》りたい。そう考《かんが》えるようになっていました。

高校《こうこう》でようやく発達性読《はったつせいよ》み書《か》き障害《しょうがい》だということがわかり、配慮《はいりょ》が受《う》けられるようになって、ずいぶんとラクになりました。

それでもまだまだ「適切《てきせつ》な支援《しえん》」と呼《よ》べるほどのものは受《う》けられていませんでした。

僕《ぼく》はたまたま判定《はんてい》を受《う》けたのが高校生《こうこうせい》でしたから、何《なに》が苦手《にがて》で、どうしてほしいのかを言語化《げんごか》することができました。小中学生《しょうちゅうがくせい》の頃《ころ》の僕《ぼく》であったらうまく話《はな》せていたか……。「恥《は》ずかしい」「知《し》られたくない」気持《きも》ちのほうが強《つよ》かったかもしれません。そういう子《こ》が、今《いま》もどこかにいるはずです。

得体《えたい》の知《し》れない困《こま》り感《かん》に、人知《ひとし》れず冷《ひ》や汗《あせ》や腹痛《ふくつう》が止《と》まらないほどのストレスを抱《かか》え、不安《ふあん》な日々《ひび》を送《おく》った体験《たいけん》を、ただ「過去《かこ》の苦《くる》しかったこと」で終《お》わらせたくありませんでした。

この実体験《じったいけん》に知識《ちしき》を重《かさ》ねて、苦《くる》しんでいるだれかに寄《よ》り添《そ》いたい、支援《しえん》がしたいという思《おも》いから、「よし、言語聴覚士《げんごちょうかくし》（ST《エスティー》）になろう」と考《かんが》えるようになりました。

言語聴覚士《げんごちょうかくし》になるには、資格《しかく》が必要《ひつよう》です。

まずは本屋《ほんや》さんへ走《はし》りました。どんなに強《つよ》く言語聴覚士《げんごちょうかくし》になりたいと願《ねが》っても、長文《ちょうぶん》の読解《どっかい》や記述《きじゅつ》が必要《ひつよう》であれば、試験《しけん》を通過《つうか》できる可能性《かのうせい》は限《かぎ》りなく低《ひく》くなります。本屋《ほんや》さんで見《み》つけた言語聴覚士《げんごちょうかくし》の国家試験対策《こっかしけんたいさく》の過去問《かこもん》は、短文《たんぶん》で5つの選択肢《せんたくし》から解答《かいとう》する方式《ほうしき》。それを見《み》て、「僕《ぼく》にもチャンスがあるかもしれない」と希望《きぼう》が持《も》てました。

次《つぎ》に、言語聴覚士《げんごちょうかくし》の国家試験受験《こっかしけんじゅけん》に必要《ひつよう》な条件《じょうけん》を調《しら》べました。どうやら養成校《ようせいこう》を卒業《そつぎょう》しなければいけないようです。

当時《とうじ》、高校《こうこう》2年生《ねんせい》。言語聴覚士国家試験《げんごちょうかくしこっかしけん》の受験資格《じゅけんしかく》が取得《しゅとく》できる学科《がっか》のある大学《だいがく》のオープンキャンパスに行《い》った際《さい》、言語聴覚学科《げんごちょうかくがっか》の教授《きょうじゅ》とお話《はな》しする機会《きかい》を得《え》ました。

「読《よ》み書《か》きが苦手《にがて》でも言語聴覚士《げんごちょうかくし》になれますか？」

初対面《しょたいめん》で、入学《にゅうがく》もしていない僕《ぼく》の夢《ゆめ》を、教授《きょうじゅ》は最後《さいご》まで親身《しんみ》に聞《き》いてくれたのです。オープンキャンパス後《ご》も、勉強《べんきょう》の仕方《しかた》や、当時《とうじ》は珍《めずら》しかった読《よ》み上《あ》げソフト（文字《もじ》を読《よ》み取《と》りテキスト化《か》し、音声《おんせい》で読《よ》み上《あ》げできる）などの使《つか》い方《かた》を教《おし》えてくれました。

「教授《きょうじゅ》の元《もと》で学《まな》びたい」そう思《おも》ったのですが、この大学《だいがく》の入試《にゅうし》は国語《こくご》、英語《えいご》が必須《ひっす》であったため、進学《しんがく》は諦《あきら》めざるを得《え》ませんでした。

言語聴覚士《げんごちょうかくし》になるという大目標《だいもくひょう》のためには、「どこの大学《だいがく》へ行《い》くか」を選《えら》んでいる余裕《よゆう》はありません。「言語聴覚士《げんごちょうかくし》の指定養成校《していようせいこう》で、国語《こくご》・英語《えいご》の試験《しけん》を受《う》けなくても入学《にゅうがく》できること」を基準《きじゅん》に受験校《じゅけんこう》を探《さが》しました。理系《りけい》や文系《ぶんけい》、大学《だいがく》の偏差値《へんさち》ではなく、言語聴覚士《げんごちょうかくし》といういちばんの目標《もくひょう》に向《む》けて必死《ひっし》でした。

最初《さいしょ》からAO《エーオー》入試《にゅうし》狙《ねら》いで、英語《えいご》など苦手《にがて》な教科《きょうか》の試験《しけん》を受《う》けないという僕《ぼく》に対《たい》して、事《じ》情《じょう》を知《し》らない友《とも》だちから「逃《に》げてんじゃねえよ」と言《い》われることもありました。

それが「逃《に》げ」ではないことをわかっていても悔《くや》しいものです。

彼《かれ》にとっては僕《ぼく》が努力《どりょく》もせずにラクをしているように見《み》えたのでしょう。車《くるま》イスの方《かた》に「走《はし》れ」と言《い》わないように、発達性読《はったつせいよ》み書《か》き障害《しょうがい》を多《おお》くの人《ひと》が知《し》っていれば、彼《かれ》も「逃《に》げ」とは言《い》わなかったと思《おも》います。

「ふつうに」大学受験《だいがくじゅけん》に向《む》けて努力《どりょく》している友《とも》だちに負《ま》けないように、僕《ぼく》は僕《ぼく》で、唯一《ゆいいつ》試《し》験《けん》がある数学《すうがく》を一点集中《いってんしゅうちゅう》で勉強《べんきょう》しました。その結果《けっか》、面接《めんせつ》と数学《すうがく》（数《すう》ⅠA）、出席日数《しゅっせきにっすう》も少《すく》なく穴《あな》だらけの内申書《ないしんしょ》でなんとか希望《きぼう》していた大学《だいがく》に合格《ごうかく》！

ちなみに、面接《めんせつ》のときに僕《ぼく》は「発達性読《はったつせいよ》み書《か》き障害《しょうがい》です」と面接官《めんせつかん》の先生《せんせい》たちに明《あき》らかにしました。はっきり言葉《ことば》にして、それで落《お》とされたら仕方《しかた》がないと思《おも》っていたからです。伝《つた》えた上《うえ》での合格《ごうかく》だったので、僕《ぼく》にとっては二重《にじゅう》にも三重《さんじゅう》にも嬉《うれ》しいことでした。

将来《しょうらい》を決《き》めるにあたって、さまざまなアドバイスをくださった大学《だいがく》の教授《きょうじゅ》とは今《いま》も交流《こうりゅう》があり、ここ数年《すうねん》は講演活動《こうえんかつどう》でもご一緒《いっしょ》させていただいています。大学進学後《だいがくしんがくご》に出会《であ》った先生《せんせい》にも、そしてこの本《ほん》を監修《かんしゅう》してくださっている宇野先生《うのせんせい》にも、さまざまな形《かたち》でご支援《しえん》いただいています。

こうして自分《じぶん》の歩《あゆ》みをふり返《かえ》って思《おも》うのは、相談《そうだん》できる先生《せんせい》が身近《みぢか》にいたこと、途切《とぎ》れずに誰《だれ》かに支《ささ》えてもらったことのありがたさです。夢《ゆめ》に向《む》かって踏《ふ》み出《だ》すたびに新《あたら》しい出《で》会《あ》いがあり、その出会《であ》いが次《つぎ》のステップへと背中《せなか》を押《お》してくれるきっかけになりました。

それが、僕《ぼく》の支援《しえん》の目標《もくひょう》でもある、「人《ひと》と関《かか》わるといいことがあるんだ」につながっています。

もちろん人《ひと》との関《かか》わりはいいことばかりではありません。時《とき》には傷《きず》つき、悔《くや》しい思《おも》いをすることもあるでしょう。

それでも、お子《こ》さんにとっていちばん身近《みぢか》な保護者《ほごしゃ》の方《かた》、支援者《しえんしゃ》の方《かた》には、人《ひと》との出会《であ》いで人生《じんせい》が豊《ゆた》かになるということを伝《つた》え続《つづ》けてほしいのです。

「いい関係《かんけい》を築《きず》けた」という成功体験《せいこうたいけん》が、社会《しゃかい》の中《なか》で生《い》きていく力《ちから》になるはずですから。

2. 気《き》持《も》ちが変《か》わらなければ、なれるんじゃない？

進学《しんがく》した大学《だいがく》は、言語聴覚士《げんごちょうかくし》の養成《ようせい》に特化《とっか》した学科《がっか》です。言《い》わば言語聴覚士《げんごちょうかくし》の卵《たまご》。つまり、特性《とくせい》のことを伝《つた》えても一定《いってい》の理解《りかい》がある環境《かんきょう》ということです。

僕《ぼく》は、自分《じぶん》が発達性読《はったつせいよ》み書《か》き障害《しょうがい》であることを今《いま》まで以上《いじょう》に周囲《しゅうい》の人《ひと》に伝《つた》えることにしました。

先生方《せんせいがた》にも隠《かく》さずに伝《つた》えたことで、学業《がくぎょう》においての配慮《はいりょ》をたくさん提案《ていあん》してもらうことができました。

友《とも》だちは板書《ばんしょ》を写《うつ》したノートを見《み》せてくれたり、音読《おんどく》のときにとなりで読《よ》んでくれたり、またほかの人《ひと》が読《よ》んでいる際《さい》にもどこを読《よ》んでいるのかを教《おし》えてくれたり……。

授業《じゅぎょう》で学習障害《がくしゅうしょうがい》や発達性読《はったつせいよ》み書《か》き障害《しょうがい》について学《まな》ぶこともありました。

こうしたときに、となりの友《とも》だちに「あ、俺《おれ》のことだよ」と言《い》える気軽《きがる》さは今《いま》までにないものでした。

「ちょっとbaseball《ベースボール》って書《か》いてみてよ」

「え、書《か》けるわけないじゃん！（笑《わらい》）」

「あ、これかあ」

とふざけ合《あ》える。いじめやからかいではなく、読《よ》み書《か》きが苦手《にがて》なことを拒否《きょひ》されず、自然《しぜん》に受《う》け入《い》れられていること。僕《ぼく》はここに、自分《じぶん》を偽《いつわ》らなくてもよい心地《ここち》よさを感《かん》じました。

大学《だいがく》でもまた、僕《ぼく》の背中《せなか》を押《お》してくださった先生《せんせい》に出会《であ》いました。

言語聴覚士《げんごちょうかくし》を目指《めざ》して進学《しんがく》したものの、途中《とちゅう》で進路《しんろ》を変《か》える友人《ゆうじん》も多《おお》く、思《おも》いの強《つよ》さはあれど、このままがんばり続《つづ》けて本当《ほんとう》に目標《もくひょう》を達成《たっせい》できるのかという不安《ふあん》に押《お》しつぶされそうになることもありました。

あるとき、僕《ぼく》は「本当《ほんとう》に言語聴覚士《げんごちょうかくし》になれるでしょうか」と大学《だいがく》の先生《せんせい》に不安《ふあん》をもらしたことがありました。

ただでさえカンタンではない言語聴覚士《げんごちょうかくし》という目標《もくひょう》に、発達性読《はったつせいよ》み書《か》き障害《しょうがい》の僕《ぼく》はたどりつけるのか……。

僕《ぼく》の問《と》いに、並《なら》んで階段《かいだん》を上《のぼ》っていた先生《せんせい》はそのまま2、3段上《だんのぼ》って立《た》ち止《ど》まり、少《すこ》し笑《え》みを浮《う》かべながらこうおっしゃいました。

「私《わたし》もいろんな人生《じんせい》を経《へ》て、今《いま》ここにいます。きっといろいろあると思《おも》うよ。でも、なりたいという気持《きも》ちが変《か》わらなければなれるんじゃない」

今思《いまおも》うと、「根拠《こんきょ》や配慮《はいりょ》は!?」とツッコミたくもなるのですが、当時《とうじ》の僕《ぼく》にとっては、とても勇気《ゆうき》の出《で》る魔法《まほう》の言葉《ことば》でした。

大学《だいがく》の校舎内《こうしゃない》の階段《かいだん》で、ほんの短《みじか》い会話《かいわ》でしたが、そのときの光景《こうけい》は今《いま》も目《め》を閉《と》じるとはっきり思《おも》い浮《う》かぶほど、強《つよ》く印象《いんしょう》に残《のこ》っています。

結果《けっか》、僕《ぼく》は言語聴覚士《げんごちょうかくし》になれたので、ここへ至《いた》るまでの間《あいだ》に先生《せんせい》の言《い》う「いろんな人《じん》生《せい》」を経験《けいけん》することはありませんでした。言語聴覚士《げんごちょうかくし》になった話《はなし》をすると、僕《ぼく》の選《えら》んだ道《みち》はまっすぐな一本道《いっぽんみち》だったように感《かん》じられるかもしれません。ですが、実《じつ》は諦《あきら》めた道《みち》もたくさんあります。心理学者《しんりがくしゃ》にもなりたかったし、高校《こうこう》の友人《ゆうじん》たちが目指《めざ》していたような大《だい》学《がく》へ行《い》き、一流企業《いちりゅうきぎょう》で働《はたら》いてみたかった。その思《おも》いは、いまだに昇華《しょうか》しきれていないと感《かん》じています。別《べつ》の道《みち》を選《えら》び、自分《じぶん》で決《き》めた道《みち》だとわかっていても、葛藤《かっとう》があります。

企業《きぎょう》に勤《つと》める友人《ゆうじん》たちから仕事《しごと》についての話《はなし》を聞《き》くと、ないものねだりかもしれませんが、その道《みち》を「選《えら》べなかった」悔《くや》しさがまだ残《のこ》っています。頭《あたま》では納得《なっとく》していても、気持《きも》ちの面《めん》で折《お》り合《あ》いをつけることは一生《いっしょう》できないのではないかと思《おも》います。

言語聴覚士《げんごちょうかくし》になれなかったら目指《めざ》そうと思《おも》っていた道《みち》もあります。納棺士《のうかんし》や漆塗《うるしぬ》り職人《しょくにん》などなど……。もし言語聴覚士《げんごちょうかくし》の国家試験《こっかしけん》に長文《ちょうぶん》の読《よ》み書《か》きが必要《ひつよう》だったら、僕《ぼく》の目指《めざ》す方向《ほうこう》は大《おお》きく変《か》わっていたと思《おも》います。

ここでお伝《つた》えしたいのは、僕《ぼく》の例《れい》は「諦《あきら》めなければ夢《ゆめ》はかなう」ということではなく、人生《じんせい》に選択肢《せんたくし》はたくさんあるんだということです。

たったひとつの「やりたいこと」に向《む》かって突《つ》き進《すす》んだのではなく、「やりたいこと」の中《なか》から「できそうなことはどれか」を探《さが》し、いくつもある道《みち》の中《なか》からこの道《みち》を選《えら》んできただけで、その過程《かてい》では諦《あきら》めたこともたくさんありました。

こうして取捨選択《しゅしゃせんたく》していくことは、実《じつ》は誰《だれ》もがやっていることです。幼稚園《ようちえん》の頃《ころ》に描《えが》いた将来《しょうらい》の夢《ゆめ》をそのまま叶《かな》えている人《ひと》はどれだけいるでしょうか?

サッカー選手《せんしゅ》に、アイドル、ケーキ屋《や》さんになりたいと言《い》っていた子《こ》どもたちのうち、20年後《ねんご》にそうなれている人《ひと》は、おそらくほんの一握《ひとにぎ》りです。

成長《せいちょう》するにつれて、自分《じぶん》には向《む》いていないと気付《きづ》いたり、あるいはほかにもっと興味《きょうみ》のあることができたり、進学《しんがく》というレールに乗《の》る中《なか》でかつて夢見《ゆめみ》たことを忘《わす》れたり、手放《てばな》したり。

学校《がっこう》の勉強《べんきょう》を中心《ちゅうしん》に生《い》きていると、みんなと同《おな》じように受験《じゅけん》をし、自分《じぶん》の目指《めざ》せるいちばんレベルの高《たか》い学校《がっこう》へ進学《しんがく》して、就職活動《しゅうしょくかつどう》をするという一般的《いっぱんてき》な選択肢以外《せんたくしいがい》が見《み》えなくなることがあると感《かん》じます。

いろんな道《みち》がある、いろんな選択肢《せんたくし》がある、どの道《みち》を選《えら》んでもいいし、一度選《いちどえら》んで合《あ》わなければ、また選《えら》びなおせばいい。誰《だれ》しもそうやって諦《あきら》めながら選《えら》び取《と》ってきたのだということを、いつの間《ま》にか忘《わす》れてしまっているのかもしれません。

お子《こ》さんがいろんな選択肢《せんたくし》を持《も》つには、さまざまな経験《けいけん》が必要《ひつよう》です。保護者《ほごしゃ》のみなさんには、ここをサポートしていただきたいと思《おも》います。釣《つ》りやキャンプをするのもいい、いろんな場所《ばしょ》に行《い》き、いろんな人《ひと》とふれ合《あ》い、学校《がっこう》の勉強《べんきょう》とは違《ちが》う経験《けいけん》を積《つ》み重《かさ》ねることが、視野《しや》を広《ひろ》げ、自分《じぶん》の道《みち》を見《み》つけることにつながります。

「これを進《すす》めば間違《まちが》いない」と思《おも》えるようなしっかり舗装《ほそう》された大通《おおどお》りや大《おお》きな列車《れっしゃ》の走《はし》るレールじゃなくてもいいのです。考《かんが》えてみると、大勢《おおぜい》の同級生《どうきゅうせい》たちと競《きそ》って同《おな》じ道《みち》を目《め》指《ざ》すのは、電車《でんしゃ》やバスに乗《の》っているようなものかもしれません。その大《おお》きな乗《の》り物《もの》から降《お》りて、側道《そくどう》をゆっくり走《はし》る車《くるま》に乗《の》ってもいいし、さらにその脇《わき》にある歩道《ほどう》をひとりで歩《ある》いてもいい。周《まわ》りの大人《おとな》ができることは「大通《おおどお》り以外《いがい》にも実《じつ》は道《みち》があるんだよ」とうっすら照《て》らすことではないでしょうか。あっちにもこっちにもそっちにも、どうやら進《すす》める道《みち》がありそうだなと思《おも》えること。「この道《みち》しかない」という思《おも》い込《こ》みから抜《ぬ》け出《だ》せるだけで、心《こころ》はラクになります。保護者《ほごしゃ》の方《かた》にとっては標識《ひょうしき》もない細《ほそ》い道《みち》は不安《ふあん》に感《かん》じられるかもしれませんが、車《くるま》がびゅんびゅん走《はし》る大通《おおどお》りで標識《ひょうしき》も読《よ》めずに不安《ふあん》を抱《かか》えながらゆっくり走《はし》っているよりも、自分《じぶん》のペースで自由《じゆう》に進《すす》める道《みち》のほうが適《てき》している子《こ》もいるのです。

大通《おおどお》りからそれて違《ちが》う道《みち》を選《えら》んで、また違《ちが》う道《みち》にそれて、それをくり返《かえ》しているうちに、どこかで元《もと》の道《みち》に戻《もど》ることもあるかもしれません。

僕《ぼく》も、もしかしたら10年後《ねんご》には違《ちが》う仕事《しごと》をしているかもしれません。

いろんな道《みち》があることを周囲《しゅうい》の大人《おとな》が示《しめ》してあげる、決《けっ》して道《みち》を閉《と》ざさない。

そして、たくさんある選択肢《せんたくし》の中《なか》から、お子《こ》さん自身《じしん》が決《き》めること。これが何《なに》より大切《たいせつ》なことだと思《おも》います。

3.「ここからだ」と覚悟《かくご》した日《ひ》とそのあと

言語聴覚士《げんごちょうかくし》になろうと決《き》め、国家試験《こっかしけん》の問題《もんだい》を見《み》に本屋《ほんや》に行《い》った高校《こうこう》2年生《ねんせい》のときから、「僕《ぼく》は大学《だいがく》に行《い》きたいのではなく、言語聴覚士《げんごちょうかくし》になりたいんだ」と覚悟《かくご》していました。

そのため大学合格直後《だいがくごうかくちょくご》から国家試験《こっかしけん》を意識《いしき》しており、大学《だいがく》1年生《ねんせい》から国家試験対策《こっかしけんたいさく》の問題集《もんだいしゅう》を買《か》い勉強《べんきょう》していました。みんなと同《おな》じでは遅《おそ》いと、お守《まも》りのように毎年《まいとし》買《か》い続《つづ》けては、問題《もんだい》と答《こた》えを覚《おぼ》えていました。

僕《ぼく》にとって、国家試験《こっかしけん》の勉強法《べんきょうほう》は「ひたすら暗記《あんき》すること」でした。同《おな》じ「読《よ》む」ことでも、はじめての文章《ぶんしょう》を読《よ》むのがもっとも時間《じかん》がかかります。同《おな》じ文章《ぶんしょう》であれば、2度目《どめ》、3度《ど》目《め》は少《すこ》しずつ早《はや》くなります。

僕《ぼく》の場合《ばあい》は専門書《せんもんしょ》を何冊《なんさつ》も読《よ》むよりも、1冊《さつ》を深《ふか》く読《よ》み込《こ》んで完璧《かんぺき》にしたほうがいい、というのは、大学受験《だいがくじゅけん》の経験《けいけん》からわかっていました。言語聴覚士《げんごちょうかくし》を目指《めざ》す学生《がくせい》が誰《だれ》でも買《か》う分厚《ぶあつ》いテキストを破《やぶ》れるまで読《よ》み込《こ》みました。何《なん》ページのどのあたりになにが書《か》いてある……と暗記《あんき》をするほどに……。

それでも国家試験《こっかしけん》の前日《ぜんじつ》は緊張《きんちょう》から熟睡《じゅくすい》できず、食事《しょくじ》ものどを通《とお》らなかったため、栄養《えいよう》補給用《ほきゅうよう》のゼリーを苦《にが》いセンブリ茶《ちゃ》に入《い》れて飲《の》み、気合《きあ》いを入《い》れて挑《いど》みました。試験《しけん》は手応《てごた》えがあり、「受《う》かったかな……」と思《おも》ってはいたものの、合格発表《ごうかくはっぴょう》を見《み》たときはとても嬉《うれ》しかったものです。喜《よろこ》びとともに「ここからだな」と改《あらた》めて背筋《せすじ》が伸《の》びたのを覚《おぼ》えています。言語聴覚士《げんごちょうかくし》の資格《しかく》をもつ人《ひと》はたくさんいますが、発達性読《はったつせいよ》み書《か》き障害《しょうがい》で言語聴覚士《げんごちょうかくし》の人《ひと》は少《すく》ないはず。

大学《だいがく》3年生《ねんせい》のときに講演会《こうえんかい》で自分《じぶん》の体験《たいけん》を語《かた》ったことで、「言語聴覚士《げんごちょうかくし》になりたい」という思《おも》いは、「言語聴覚士《げんごちょうかくし》になり、自分《じぶん》の体験《たいけん》をより多《おお》くの人《ひと》に伝《つた》えていきたい」へと発展《はってん》していきました。経験《けいけん》と知識《ちしき》の両方《りょうほう》から「発達性読《はったつせいよ》み書《か》き障害《しょうがい》」のことを伝《つた》え、困《こま》っているお子《こ》さんや保護者《ほごしゃ》の方《かた》の力《ちから》になりたい、どう支援《しえん》すればよいか考《かんが》えるきっかけを先生《せんせい》たちに届《とど》けたいと考《かんが》えていたのです。

しかし、実《じつ》は言語聴覚士《げんごちょうかくし》の就職先《しゅうしょくさき》の大半《たいはん》は成人《せいじん》を対象《たいしょう》とする医療機関《いりょうきかん》であり、子《こ》どもに対《たい》して支援《しえん》を行《おこな》っているのは約《やく》1割《わり》だそうです。

もともと自身《じしん》の体験《たいけん》や当事者《とうじしゃ》であることを活《い》かしたいという思《おも》いがあり、お子《こ》さんへの支援《しえん》に携《たずさ》わりたくて言語聴覚士《げんごちょうかくし》を目指《めざ》したのですが、小児分野《しょうにぶんや》の求人《きゅうじん》はほとんどなく、新《しん》卒《そつ》から現場《げんば》に入《はい》るのは難《むずか》しいのではないか……と諦《あきら》めかけていました。

しかし、新潟県《にいがたけん》のとある総合病院《そうごうびょういん》で2か月間《げつかん》の実習《じっしゅう》をしたときのこと、一度《いちど》だけ小学生《しょうがくせい》を診《み》る機会《きかい》をいただきました。

当時小学《とうじしょうがく》3年生《ねんせい》で、文字《もじ》を書《か》くのが苦手《にがて》なお子《こ》さん。訓練《くんれん》には前向《まえむ》きでなく、落《お》ち込《こ》んでいた表情《ひょうじょう》を覚《おぼ》えています。

そんな彼《かれ》が僕《ぼく》と話《はな》す中《なか》で「将来《しょうらい》はパイロットになって、かっこいい飛行機《ひこうき》に乗《の》りたい」と、精巧《せいこう》な飛行機《ひこうき》の絵《え》をプレゼントしてくれたのです。

こんなにキラキラとした目《め》で夢《ゆめ》を語《かた》るのか。読《よ》み書《か》きの苦手《にがて》がその光《ひかり》を奪《うば》うのか……。

僕《ぼく》は思《おも》わず、同《おな》じ困《こま》り感《かん》があること、今言語聴覚士《いまげんごちょうかくし》を目指《めざ》していることを伝《つた》えました。

その後《ご》、お母《かあ》さんは涙《なみだ》を流《なが》しながら、息子《むすこ》さんに対《たい》する今後《こんご》の不安《ふあん》について語《かた》ってくれました。

「僕《ぼく》の進《すす》む道《みち》はやはり小児《しょうに》の領域《りょういき》だ、ここで諦《あきら》めてはいけない」

当事者《とうじしゃ》としてできることがあると強《つよ》く自分《じぶん》の思《おも》いを確認《かくにん》できました。この出来事《できごと》から気《き》持《も》ちを改《あらた》め、「小児分野《しょうにぶんや》で働《はたら》きたい」と本腰《ほんごし》を入《い》れて就活《しゅうかつ》をするようになったのです。

実習先《じっしゅうさき》でプレゼントしてもらった飛行機《ひこうき》の絵《え》

熱意《ねつい》だけで突《つ》っ走《ぱし》っていた当時《とうじ》のことを話《はな》すのは、少《すこ》し恥《は》ずかしいものですね……。

小児《しょうに》の現場《げんば》にいると、お子《こ》さんの成長《せいちょう》によって悩《なや》みもどんどん変《か》わっていくことを実感《じっかん》します。

今日《きょう》、お子《こ》さん、保護者《ほごしゃ》の方《かた》、支援者《しえんしゃ》が選《えら》んだことが「正解《せいかい》」なのかは、誰《だれ》にもわかりません。明日《あした》、1年後《ねんご》、数年後《すうねんご》には考《かんが》えが変《か》わっているかもしれません。

これがいい、こうすることが正《ただ》しいと決《き》めつけず、対話《たいわ》によって少《すこ》しずつ、そのときどきの本人《ほんにん》に合《あ》わせて軌道修正《きどうしゅうせい》していくことが大切《たいせつ》なのではないでしょうか。また、どんなにすぐれた機器《きき》や訓練《くんれん》であっても、合《あ》わない人《ひと》はいます。他《ほか》の事例《じれい》の成功体験《せいこうたいけん》や自分《じぶん》の考《かんが》えを押《お》し付《つ》けず、人《ひと》それぞれの違《ちが》いを理解《りかい》してお子《こ》さんと関《かか》わることが、よりよい支援《しえん》につながると思《おも》っています。

実際《じっさい》の現場《げんば》では、似《に》た事例《じれい》の経過《けいか》からある程度予測《ていどよそく》をして支援方法《しえんほうほう》を決《き》めますが、それは「こうだ！」ではなく「こうだろうな」であり、一度決《いちどき》めたことも、都度都度《つどつど》ふり返《かえ》り、見直《みなお》していきます。

対話《たいわ》を重《かさ》ねて、そのときどきで困《こま》り感《かん》に寄《よ》り添《そ》ってもらえる環境《かんきょう》。

それは、僕自身《ぼくじしん》が子《こ》どもの頃《ころ》に欲《ほ》しかったものです。だからこそ、ひとりでも多《おお》くのお子《こ》さんにその環境《かんきょう》が届《とど》けられるように、現場《げんば》での仕事《しごと》と個人《こじん》での発信活動《はっしんかつどう》を続《つづ》けています。

僕《ぼく》の事例《じれい》も、人《ひと》の数《かず》だけある体験《たいけん》のひとつに過《す》ぎません。いろんな事例《じれい》の中《なか》から、合《あ》いそうなところだけを選《えら》ぶこと。そして、お子《こ》さん本人《ほんにん》が選《せん》択《たく》すること。そのどちらもが重要《じゅうよう》です。なぜなら……

人生《じんせい》の結末《けつまつ》を最終的《さいしゅうてき》に引《ひ》き受《う》けるのはその子自身《こじしん》だから。

小《ちい》さいことだから、まだ小学生《しょうがくせい》だから……と大人《おとな》が勝手《かって》に決《き》めてはいけません。小学生《しょうがくせい》も、小学生《しょうがくせい》なりにしっかり考《かんが》えています。

そして「自分《じぶん》で決《き》めた」経験《けいけん》が、その子《こ》の自信《じしん》にもつながります。

僕《ぼく》もまた、これまでの29年間《ねんかん》、さまざまな場面《ばめん》で自分《じぶん》がどうしたいのかを自分《じぶん》で決《き》めてきました。母《はは》はずっと僕《ぼく》の伴走者《ばんそうしゃ》でいてくれましたが、決断《けつだん》をしてきたのは僕自身《ぼくじしん》です。自分《じぶん》の決断《けつだん》が間違《まちが》っていたと感《かん》じることもありましたが、その経験《けいけん》もすべて僕《ぼく》の財産《ざいさん》であり、自分《じぶん》の力《ちから》で乗《の》り越《こ》えたという自信《じしん》は、次《つぎ》の挑戦《ちょうせん》をする力《ちから》になっています。

人生《じんせい》はトライ&《アンド》エラーのくり返《かえ》しです。

失敗《しっぱい》して落《お》ち込《こ》んでいるときに、伴走者《ばんそうしゃ》たる大人《おとな》ができることは、次《つぎ》の選択肢《せんたくし》（事例《じれい》）を集《あつ》めること。

もう一度《いちど》トライできそうになったときに、いろんな事例《じれい》があることを示《しめ》し、そしてまた、子《こ》ども自身《じしん》が選《えら》ぶ。

そうやって少《すこ》しずつ、自分《じぶん》に合《あ》った読《よ》み書《か》きとの付《つ》き合《あ》い方《かた》、自分《じぶん》らしい生《い》き方《かた》を見《み》つけていくのだと思《おも》います。

4. 子《こ》どもの伴走者《ばんそうしゃ》としてできること

きっと誰《だれ》かの伴走者《ばんそうしゃ》であるあなたにお伝《つた》えしたいのは、「一緒《いっしょ》に走《はし》ってくれる人《ひと》は多《おお》いほうがいい」ということです。あなたがお子《こ》さんのご両親《りょうしん》のどちらかであれば、できればパートナーの方《かた》にも伴走者《ばんそうしゃ》になってもらえるといいなと思《おも》います。

僕《ぼく》は「お父《とう》さん」として乳児健診《にゅうじけんしん》や予防接種《よぼうせっしゅ》に子《こ》どもを連《つ》れていく中《なか》で、「父親《ちちおや》が子育《こそだ》てに参加《さんか》することは重要《じゅうよう》なこと」だと実感《じっかん》しています。ですが、支援《しえん》の場《ば》において、「お父《とう》さん」にお会《あ》いすることは少《すく》ないのもまた事実《じじつ》です。土曜日《どようび》はお父《とう》さんの姿《すがた》を見《み》ることもありますが、平日《へいじつ》はほとんどありません。

僕《ぼく》は、両親《りょうしん》の間《あいだ》でお子《こ》さんの困《こま》り感《かん》に対《たい》する理解《りかい》の格差《かくさ》があるのはあまり好《この》ましくないと考《かんが》えています。

シングルマザー、シングルファザーであることが問題《もんだい》なのではありません。両親《りょうしん》のどちらかにお子《こ》さんの情報《じょうほう》が偏《かたよ》り、決断《けつだん》や決定《けってい》の負担《ふたん》が一方《いっぽう》の親《おや》のみにかかる状態《じょうたい》が危《あや》ういということです。

療育《りょういく》の場《ば》にお母《かあ》さんしか参加《さんか》していないと、情報格差《じょうほうかくさ》がどんどん広《ひろ》がります。知《し》らないことが多《おお》いとますます参加《さんか》しにくくなり、結果《けっか》としてお母《かあ》さんがすべての対応《たいおう》や決断《けつだん》、子《こ》どもの未来《みらい》に対《たい》する責任《せきにん》まで、ひとりで抱《かか》えてしまうことになります。

療育《りょういく》に通《かよ》わせたり、そこで学《まな》んだことをもとに日々《ひび》工夫《くふう》して生活《せいかつ》をしたりと、お子《こ》さんのために努力《どりょく》している方《かた》が、お子《こ》さんの発達《はったつ》について「家族《かぞく》や親戚《しんせき》から責《せ》められる」というお話《はなし》を聞《き》くこともあり、僕《ぼく》はとても悲《かな》しいです。

子《こ》どもを育《そだ》てることに「待《ま》った」はありません。

大切《たいせつ》なのは子育《こそだ》てをする一員《いちいん》であるという「当事者意識《とうじしゃいしき》」です。

責任《せきにん》をひとりに負《お》わせないよう、ぜひご家族《かぞく》で考《かんが》えていただきたいと思《おも》います。

そしてさらに、両親《りょうしん》がともに伴走者《ばんそうしゃ》になれたならば、おじいちゃん、おばあちゃん、学《がっ》校《こう》や通級《つうきゅう》、習《なら》い事《ごと》の先生《せんせい》など近《ちか》くにいる人《ひと》へと、その輪《わ》をどんどん広《ひろ》げていってください。

今《いま》はまだ、発達性読《はったつせいよ》み書《か》き障害《しょうがい》を知《し》らない人《ひと》も多《おお》く、望《のぞ》む支援《しえん》が受《う》けられないこともある状態《じょうたい》ですが、伴走者《ばんそうしゃ》の輪《わ》が広《ひろ》がっていけば、いつかは地域《ちいき》や社会全体《しゃかいぜんたい》がともに走《はし》ってくれる世《よ》の中《なか》になっていくはずです。

「できない」には理由《りゆう》があります。

読《よ》むと疲《つか》れる、疲《つか》れるから姿勢《しせい》が崩《くず》れる、教室《きょうしつ》にいるのがつらい。その理由《りゆう》は何《なに》か……。

これだけインターネットが身近《みぢか》にある現在《げんざい》、当事者本人《とうじしゃほんにん》はいずれ自分《じぶん》の症状《しょうじょう》が障害《しょうがい》によるものだということに気《き》が付《つ》くでしょう。

そのときに、周囲《しゅうい》の人《ひと》が発達性読《はったつせいよ》み書《か》き障害《しょうがい》を知《し》らなかったとしたら、どうでしょう？

周囲《しゅうい》の人《ひと》が「発達性読《はったつせいよ》み書《か》き障害《しょうがい》」を知《し》っている。読《よ》み書《か》きが苦手《にがて》なのは怠《なま》けているからでも努力《どりょく》が足《た》りないからでもなく、障害《しょうがい》が理由《りゆう》なのだと知《し》っている。そして、学《まな》ぶ方法《ほうほう》は「読《よ》む」「書《か》く」以外《いがい》にもあるということを知《し》っている。タブレットなどによる読《よ》み上《あ》げ機能《きのう》、オーディオブック、YouTube《ユーチューブ》など多様《たよう》な学《まな》びの方法《ほうほう》があり、どれを選《えら》んでもいい。

そして、みんなと同《おな》じように読《よ》み書《か》きすることが難《むずか》しくても、将来進《しょうらいすす》める道《みち》はいくつも広《ひろ》がっているということ。

ぜひひとりでも多《おお》くの人《ひと》へ、このことを伝《つた》えていってください。

5. 10年後《ねんご》、社会《しゃかい》をもう一歩前《いっぽまえ》へ進《すす》めるために

言語聴覚士《げんごちょうかくし》になりたいと僕《ぼく》がはじめて考《かんが》えたのは高校生《こうこうせい》の頃《ころ》でした。その頃《ころ》、10年《ねん》カレンダーに「10年後《ねんご》は言語聴覚士《げんごちょうかくし》になって、啓蒙活動《けいもうかつどう》をしている」と将来《しょうらい》の姿《すがた》を夢見《ゆめみ》て書《か》いていました。ちょうどこの原稿《げんこう》を書《か》いている今《いま》が、その10年後《ねんご》です。

この10年《ねん》、仕事《しごと》をしながら50回以上《かいいじょう》の講演会《こうえんかい》をしてきました。10年前《ねんまえ》に夢見《ゆめみ》た自分《じぶん》に近付《ちかづ》けているはずですが、そうなるとまた、次《つぎ》の目標《もくひょう》ができるものですね。こうして多《おお》くの人《ひと》の前《まえ》でお話《はな》しをして、多《おお》くの当事者《とうじしゃ》、保護者《ほごしゃ》、支援者《しえんしゃ》と交流《こうりゅう》する中《なか》で、講演《こうえん》を通《とお》して啓発《けいはつ》するだけでは足《た》りないこともわかってきました。

僕《ぼく》が、この本《ほん》の監修者《かんしゅうしゃ》であり、日本語《にほんご》の発達性読《はったつせいよ》み書《か》き障害《しょうがい》の臨床《りんしょう》や研究《けんきゅう》における第一人者《だいいちにんしゃ》である宇野彰先生《うのあきらせんせい》とはじめてお会《あ》いしたのは、発達性《はったつせい》ディスレクシア研究会《けんきゅうかい》の研修会《けんしゅうかい》でした。自己紹介《じこしょうかい》で「発達性《はったつせい》ディスレクシアで、言語聴覚士《げんごちょうかくし》です」と言《い》ったそのとき、宇野先生《うのせんせい》が驚《おどろ》いて固《かた》まっていたのをよく覚《おぼ》えています。

後日《ごじつ》、そのときのことについて、短《みじか》い時間《じかん》に複雑《ふくざつ》ないくつかの可能性《かのうせい》をいろいろと考《かんが》え

てしまい、反応《はんのう》が遅《おく》れたのだとお聞《き》きしました。読《よ》み書《か》きが不得意《ふとくい》な発達性《はったつせい》読《よ》み書《か》き障害《しょうがい》にとって言語聴覚士《げんごちょうかくし》は決《けっ》して向《む》いている職業《しょくぎょう》ではないからでしょう。

そして、本当《ほんとう》に僕《ぼく》が発達性《はったつせい》読《よ》み書《か》き障害《しょうがい》なのか、宇野先生《うのせんせい》のもとでもう一度《いちど》検査《けんさ》を受《う》け、やはり間違《まちが》いなく特性《とくせい》があると、お墨付《すみつ》き(!)をいただくに至《いた》りました(笑《わらい》)。

宇野先生《うのせんせい》に出会《であ》う前《まえ》から、僕《ぼく》が言語聴覚士《げんごちょうかくし》を目指《めざ》すにあたり、大学《だいがく》の先生方《せんせいがた》にもご心配《しんぱい》をおかけしました。専門的《せんもんてき》な知識《ちしき》があるからこそ、言語聴覚士《げんごちょうかくし》になれば、「読《よ》む」「書《か》く」からは逃《のが》れられないことをご存《ぞん》じだったのです。

僕《ぼく》にとって、言語聴覚士《げんごちょうかくし》の仕事《しごと》は負担《ふたん》が大《おお》きいから、もっと向《む》いている職業《しょくぎょう》を探《さが》したほうがいいんじゃないかとアドバイスをいただくこともありました。

おっしゃる通《とお》りで、今《いま》も僕《ぼく》はたくさんの「読《よ》む」「書《か》く」仕事《しごと》に苦労《くろう》しています。

それでも、言語聴覚士《げんごちょうかくし》になり、僕《ぼく》と同《おな》じ困《こま》り感《かん》のある人《ひと》の支援《しえん》をしたいという思《おも》いのほうが強《つよ》く、アドバイスをいただくたびに「いや、なりますんで。絶対《ぜったい》なります」と答《こた》え、より決意《けつい》を強《つよ》くしていました。

なんとか国家試験《こっかしけん》に合格《ごうかく》し、言語聴覚士《げんごちょうかくし》として入職《にゅうしょく》する前《まえ》に、職場《しょくば》には読《よ》み書《か》きが苦手《にがて》だということを伝《つた》えました。その上《うえ》で、配慮《はいりょ》が必要《ひつよう》な際《さい》は都度《つど》相談《そうだん》するというスタイルで、少《すこ》しずつ配慮《はいりょ》の前例《ぜんれい》を積《つ》み上《あ》げていきました。

あるとき職場《しょくば》で、働《はたら》き方《かた》についての調査《ちょうさ》があり、今僕《いまぼく》が受《う》けている配慮《はいりょ》を書面《しょめん》にまとめて提出《ていしゅつ》しました。次《つぎ》のページに掲載《けいさい》したのが、そのとき提出《ていしゅつ》した内容《ないよう》の一部改変版《いちぶかいへんばん》です。

僕《ぼく》が受《う》けているのは「読《よ》み書《か》きが苦手《にがて》」な人《ひと》への配慮《はいりょ》ですが、僕《ぼく》ひとりのためだけの配《はい》慮《りょ》ではなく、苦手《にがて》な人《ひと》が苦手《にがて》を補《おぎな》うために利用《りよう》するツールなどは、苦手《にがて》ではない人《ひと》が利用《りよう》しても便利《べんり》だということで、上司《じょうし》に相談《そうだん》した全員《ぜんいん》がやっていいという認識《にんしき》が、共有《きょうゆう》できたのもよかったです。

こうした取《と》り組《く》みがすべての職場《しょくば》で適用《てきよう》されることを願《ねが》っています。配慮《はいりょ》を受《う》けている人《ひと》がいたときに、それをずるいと思《おも》う人《ひと》は同《おな》じことが苦手《にがて》だったり、ほかのことで困《こま》っているかもしれません。

合理的配慮《ごうりてきはいりょ》の義務化《ぎむか》により、配慮《はいりょ》してほしいという声《こえ》は以前《いぜん》よりもあげやすくなっているとは思《おも》いますが、それでもまだまだ勇気《ゆうき》がいることです。

◎学習障害（発達性読み書き障害）
⇒文字を読んだり書いたりすることが苦手な障害

◎具体的な私の症状、仕事上の工夫、配慮していただいている点

症状	仕事上の工夫	配慮していただいている点
① 文章の音読・黙読が遅い	・文字の拡大 ・書体を変える （提出時は再変換し整える） ・音声での読み上げ	・読み上げ機能を使用するためイヤホン着用の許可をお願いしています。 ⇒職員全員が上司の許可ありで使用可能になりました。
② 漢字やカタカナの想起が遅い、間違えることがある	・手書き書類はパソコンの前で作業をし、その場で検索	・書類の添削時に気にかけていただいています。
③ 文章を読み続けるととても疲れる。眠くなる。	・事前に一日の計画を立て、書類業務を分散させ、適度に（指定時間内で）休憩をとりながら業務にあたる	・今のところ自分でコントロールできていますが、仕事に支障が出てきた場合は、都度ご相談させてください。
④ 事例検討会のように音読が必要な場面で、逐次読み、勝手読み、読み飛ばしがある	・プレゼンの時はページごとに話す内容を覚えておく。 ・発表前に自分の特性を説明し、事前に資料を読んでもらう	・事例検討の基本情報など、正確さが求められるものは、台本を代わりに読んでもらっています。
⑤ 電話対応、会議事録など、情報が多い場合、手書きで正確にメモを取ることが難しい	・表記を記号化 ・パソコンの使用 ・自分の発話速度の調節 ・失礼のない範囲で聞き返す	・電話対応、会議事録は同僚にお願いすることが多いです。日々のご家族とのやり取りでは工夫で乗り切れています。

いつも私の提案を真摯に受け止めてくださり、一緒に考えていただき、本当に感謝しています。

ご迷惑をお掛けすることも多いのですが、皆さまのおかげで、自分らしく働くことができています。

「発達性読み書き障害についてもっと教えて」と言ってくださる同僚にも救われています
今後も業務や運営の負担にならない程度に、ご配慮いただけますと幸いです。

読み書き以外でも至らない点があると思いますので、ご指導のほどよろしくお願い致します。

言語聴覚士　関口

今《いま》、僕《ぼく》は「前例《ぜんれい》」を作《つく》りやすいところにいるので、その例《れい》をたくさんつくり、みなさんに「こんなやり方《かた》もあるよ」と伝《つた》えていきたい

そしていつか、多《おお》くの人《ひと》の「前例《ぜんれい》」というバトンを、困《こま》っている人《ひと》たちにつなげていくことができれば、誰《だれ》もが生《い》きやすい社会《しゃかい》にまた一歩《いっぽ》近《ちか》づくのだと思《おも》います。

こうして本《ほん》を読《よ》み、発達性読《はったつせいよ》み書《か》き障害《しょうがい》について学《まな》んでいるみなさんは、新《あたら》しい前例《ぜんれい》を作《つく》ったり、誰《だれ》かが残《のこ》した前例《ぜんれい》のバトンを受《う》けついだりするはずです。

さあ、困《こま》っている走者《そうしゃ》の方《かた》も、となりで走《はし》る伴走者《ばんそうしゃ》の方《かた》も、笑顔《えがお》で走《はし》れる世《よ》の中《なか》を一緒《いっしょ》につくっていきましょう。

6. 最後《さいご》に伝《つた》えたいこと

生《う》まれて、幼稚園児《ようちえんじ》、小学生《しょうがくせい》、中学生《ちゅうがくせい》、高校生《こうこうせい》（ひねくれ期《き》）、大学生《だいがくせい》を経《へ》て、就職《しゅうしょく》、結《けっ》婚《こん》して、子《こ》どもが生《う》まれました。

今《いま》、僕《ぼく》の人生《じんせい》は「ここ」です。

けれど、これはまだ終《お》わりではありません。

ここから先《さき》も人生《じんせい》は続《つづ》いていきます。

支援者《しえんしゃ》や先生方《せんせいがた》とお話《はな》ししていると、ときどき「学生時代《がくせいじだい》」だけを見《み》ていらっしゃるのではないかと感《かん》じることがあります。

子《こ》どもがずっと小学《しょうがく》3年生《ねんせい》のままであれば、小学《しょうがく》3年生《ねんせい》で習《なら》う漢字《かんじ》をひとつ書《か》けるようになることが大《おお》きな成功《せいこう》になるのかもしれません。

ですが、その先《さき》の人生《じんせい》に、その漢字《かんじ》1文字《もじ》はどの程度大《ていどおお》きく影響《えいきょう》するでしょうか？

成功体験《せいこうたいけん》のひとつにはなりますが、それは長《なが》い人生《じんせい》を俯瞰《ふかん》で見《み》たときに本当《ほんとう》に重要《じゅうよう》なことでしょうか？

その子《こ》にとっての長《なが》い人生《じんせい》を通《とお》して見《み》たときに、「今《いま》」「ここ」で必要《ひつよう》なのは、もっと別《べっ》のことではないのでしょうか？

長《なが》い人生《じんせい》を通《とお》して大切《たいせつ》なもの、それは「自己理解《じこりかい》」ではないかと感《かん》じています。

困《こま》り感《かん》は変化《へんか》し続《つづ》けるものです。そして残酷《ざんこく》なことに、変化《へんか》し続《つづ》けるだけでなく、より複雑《ふくざつ》になっていくことが多《おお》いのではないでしょうか。

学年《がくねん》があがるごとに難《むずか》しくなる漢字《かんじ》、教科書《きょうかしょ》やテストの文字数《もじすう》は増《ふ》え、国語《こくご》・算数《さんすう》に理《り》科《か》・社会《しゃかい》、英語《えいご》が加《くわ》わり……学生時代《がくせいじだい》は学業《がくぎょう》における困難《こんなん》さはどんどん増《ま》していきます。

しかし、社会人《しゃかいじん》になると、テストはなくなり、漢字《かんじ》はパソコンやスマホで調《しら》べられます。

しかし、文字《もじ》で情報《じょうほう》を得《え》たり、書《か》いて相手《あいて》に伝《つた》えたりする場面《ばめん》は、場合《ばあい》によっては学生《がくせい》時代《じだい》以上《いじょう》に増《ふ》えることもあります。

そうした文字《もじ》にあふれる社会《しゃかい》で、困難《こんなん》を乗《の》り越《こ》えて生《い》きていくためには「自分《じぶん》の特性《とくせい》を理解《りかい》して、自分《じぶん》に合《あ》った学《まな》び方《かた》・伝《つた》え方《かた》を知《し》っている」ことが重要《じゅうよう》になります。

これが、僕《ぼく》の考《かんが》える「自己理解《じこりかい》」です。

日々《ひび》お子《こ》さんと接《せっ》していると、この漢字《かんじ》は覚《おぼ》えたか、昨日習《きのうなら》った英単語《えいたんご》のスペルは書《か》けるか、間違《まちが》えずに音読《おんどく》できるかなど、目《め》の前《まえ》の「今《いま》」のことに一喜一憂《いっきいちゆう》することもあるでしょう。けれど、「困《こま》り感《かん》は変化《へんか》し続《つづ》けるものである」と頭《あたま》の片隅《かたすみ》に置《お》くと、支援《しえん》や援助《えんじょ》の仕《し》方《かた》も変《か》わってくるのではないでしょうか。

当事者《とうじしゃ》が特性《とくせい》を理解《りかい》するには、一緒《いっしょ》に考《かんが》えてくれる「伴走者《ばんそうしゃ》」が必要《ひつよう》です。ありがたいことに、僕《ぼく》のそばには親《おや》、学校《がっこう》の先生《せんせい》、お世話《せわ》になっている教授《きょうじゅ》たち、職場《しょくば》の同僚《どうりょう》のみなさん、そして妻《つま》と子《こ》ども……多《おお》くの伴走者《ばんそうしゃ》の方《かた》がいました。もちろんこの本《ほん》を書《か》いている「今《いま》」もそうです。このうち、ご本人《ほんにん》が僕《ぼく》の伴走者《ばんそうしゃ》であると意識《いしき》しているケースはわずかかもしれません。けれど、僕《ぼく》にとってはみなさんがかけがえのない伴走者《ばんそうしゃ》です。

僕《ぼく》のまわりの伴走者《ばんそうしゃ》の方《かた》をふり返《かえ》ると、決《けっ》してだれも、僕《ぼく》を置《お》き去《ざ》りにして先《さき》を走《はし》っていくことがなかったと気付《きづ》きました。学校《がっこう》や職場《しょくば》における合理的配慮《ごうりてきはいりょ》、もっと些細《ささい》な日々《ひび》の困《こま》りごとへ差《さ》し伸《の》べられる手《て》、かけられる言葉《ことば》、そのどれもが「僕《ぼく》がどう感《かん》じているか」「僕《ぼく》がどうしたいのか」と「僕《ぼく》」を主語《しゅご》にしてサポートをしてくださったものだと思《おも》います。

伴走者側《ばんそうしゃがわ》が「どうしたいか」で物事《ものごと》を進《すす》めてしまうと、当事者本人《とうじしゃほんにん》が置《お》き去《ざ》りになってしまいます。特《とく》に合理的配慮《ごうりてきはいりょ》についての方針《ほうしん》や配慮申請《はいりょしんせい》の有無《うむ》は、本人《ほんにん》が幼《おさな》くて自己理解《じこりかい》が追《お》い付《つ》いていなかったとしても、最後《さいご》に決断《けつだん》するのは本人《ほんにん》であるべきです。

少《すこ》し厳《きび》しいですが、どんな決断《けつだん》も結果《けっか》を最後《さいご》に引《ひ》き受《う》けるのは、本人《ほんにん》しかいないのです。子《こ》どもが失敗《しっぱい》しないようにと、保護者《ほごしゃ》や支援者《しえんしゃ》であっても、その人生《じんせい》を代《か》わりに生《い》きることはできません。しかし、決定権《けっていけん》を奪《うば》ってしまうと、大人《おとな》が先回《さきまわ》りしたくなる気持《きも》ちもわかります。しかし、決定権を奪ってしまうと、他責思考《たせきしこう》につながることもあります。「次《つぎ》はがんばろう」という意欲《いよく》すら奪《うば》ってしまうかもしれません。

本人《ほんにん》が決断《けつだん》し、失敗《しっぱい》も成功《せいこう》も経験《けいけん》として積《つ》み上《あ》げていくことが自信《じしん》になっていくのです。僕《ぼく》はそれを身《み》をもって体験《たいけん》してきました。

まだ自己理解《じこりかい》が不十分《ふじゅうぶん》で、ひとりで決断《けつだん》ができないお子《こ》さんの伴走者《ばんそうしゃ》の方《かた》にお願《ねが》いです。「対話《たいわ》」を通《とお》して決断《けつだん》に必要《ひつよう》な知識《ちしき》や考《かんが》え方《かた》を伝《つた》え、本人《ほんにん》が決《き》められる基盤《きばん》を一緒《いっしょ》につくってあげてください。

本当《ほんとう》は嫌《いや》だったと思《おも》いながら生活《せいかつ》していくことはつらいものです。たとえ失敗《しっぱい》したとしても、自分《じぶん》はよく考《かんが》えて決《き》めた、決断《けつだん》に後悔《こうかい》はないと思《おも》えるように、ゆっくり丁寧《ていねい》にわかりやすい言葉《ことば》で時間《じかん》をかけて根気強《こんきづよ》く説明《せつめい》し、決《けっ》して急《せ》かさず、本人《ほんにん》のタイミングを待《ま》ってあげる（これがとても難《むずか》しいのですが……）。

目《め》の前《まえ》のことと、これから先《さき》の未来《みらい》のこと、子《こ》どもにとって何《なに》が大切《たいせつ》かを見極《みきわ》めて、本《ほん》人《にん》が自己理解《じこりかい》を深《ふか》めていく手助《てだす》けをする……そういった伴走者《ばんそうしゃ》になってあげてください。

そして最後《さいご》にもう一度《いちど》。

伴走者《ばんそうしゃ》＝「一緒《いっしょ》に走《はし》ってくれる人《ひと》」は多《おお》いほうがいい。

いずれは地域《ちいき》や社会《しゃかい》が一緒《いっしょ》に走《はし》ってくれる世《よ》の中《なか》になるように、僕《ぼく》も力《ちから》を尽《つ》くしていきますが、どうかあなたもまわりに輪《わ》を広《ひろ》げていってください。

発達性読《はったつせいよ》み書《か》き障害《しょうがい》の人《ひと》たちが自分《じぶん》らしく生《い》きられる社会《しゃかい》を、ともに作《つく》っていきましょう。

ですが!! あなたも決《けっ》して無理《むり》はせずに、ご自身《じしん》のことも大切《たいせつ》にしてくださいね。

いつかお会《あ》いできたら、あなたのお話《はなし》を聞《き》かせてください。

特別鼎談《とくべつていだん》

当事者《とうじしゃ》・保護者《ほごしゃ》・研究者《けんきゅうしゃ》が考《かんが》える、発達性《はったつせい》読《よ》み書《か》き障害《しょうがい》支援《しえん》のあり方《かた》

「自立《じりつ》している」とはどういう状態《じょうたい》なのか？

――千葉《ちば》さんは以前《いぜん》、子育《こそだ》てのゴールは「ひとり立《だ》ち」だと書《か》かれていました。また、宇野先生《うのせんせい》は「支《し》援《えん》が必要《ひつよう》のない状態《じょうたい》」だと。これはすなわちどちらも「自立《じりつ》している」ことだと思《おも》うのですが、改《あらた》めてその「自立《じりつ》している」とはどういう状態《じょうたい》なのか考《かんが》えたいと思《おも》います。

千葉《ちば》　私《わたし》が思《おも》うひとり立《だ》ち、自立《じりつ》というのは、自分《じぶん》ひとりで生活《せいかつ》ができる状態《じょうたい》です。『うちの子《こ》は字《じ》が書《か》けない』で幼少期《ようしょうき》から高校生《こうこうせい》までを描《えが》いた長男《ちょうなん》のフユは、その後専門《ごせんもん》学校《がっこう》を出《で》て、今《いま》は社会人《しゃかいじん》としてひとり暮《ぐ》らしをしています。一緒《いっしょ》にトレーニングをしたり、学校《がっこう》と合理的配慮《ごうりてきはいりょ》の交渉《こうしょう》をしたり、学生《がくせい》までしてきたサポートはもうしていません。

していることといえば、3か月《げつ》に一度《いちど》お米《こめ》を送《おく》るぐらいですね。「お米《こめ》を送《おく》る」は、私自《わたしじ》身《しん》がひとりで東京《とうきょう》に出《で》てきた頃《ころ》、親《おや》にしてもらっていたことです。

関口《せきぐち》　同《おな》じですね。僕《ぼく》も、実家《じっか》を出《で》た最初《さいしょ》の頃《ころ》は母《はは》がお米《こめ》を送《おく》ってくれていました(笑《わらい》)。

千葉《ちば》　とにかくお腹《なか》を空《す》かせないようにという親心《おやごころ》ですね。

私《わたし》が四国《しこく》の実家《じっか》から東京《とうきょう》に出《で》てきたとき、企業《きぎょう》への就職《しゅうしょく》はしておらず、漫画《まんが》のアシスタントとアルバイトをして生活《せいかつ》していました。親《おや》からの金銭的《きんせんてき》な支援《しえん》はなく、お米《こめ》だけ。これは自立《じりつ》しているといえるのか……。

宇野《うの》 自立《じりつ》の定義次第《ていぎしだい》だと思《おも》います。「経済的《けいざいてき》な自立《じりつ》」と「心理的《しんりてき》な自立《じりつ》」がありますね。経済的《けいざいてき》に自立《じりつ》していても、心理的《しんりてき》に自立《じりつ》できていないと、なにかあったときにすぐ親《おや》に頼《たよ》ってしまう。「経済的《けいざいてき》な自立《じりつ》」についていえば、関口家《せきぐちけ》のようにタックスペイヤー、つまり納税者《のうぜいしゃ》であるかがひとつの条件《じょうけん》になるかもしれません。

千葉《ちば》 それでいくと、フユは自分《じぶん》で確定申告《かくていしんこく》もしているので、「経済的《けいざいてき》な自立《じりつ》」はできていそうです。

宇野《うの》 フユくんは心理的《しんりてき》にも自立《じりつ》していると思《おも》いますよ。この間会《あいだあ》ったときに、「お母《かあ》さんからもっと早《はや》く自立《じりつ》しておけばよかった」と言《い》っていました。

千葉《ちば》 フユに関《かん》しては「やってあげないと」という気持《きも》ちが強《つよ》かったので、私《わたし》も反省《はんせい》しているところです。高校卒業後《こうこうそつぎょうご》に専門学校《せんもんがっこう》という進路《しんろ》を選《えら》びましたが、それも私《わたし》が提案《ていあん》したことでしたし、学校《がっこう》も私《わたし》が探《さが》して提案《ていあん》した中《なか》から選《えら》んでいました。学校自体《がっこうじたい》は「楽《たの》しかった、行《い》ってよかった」と言《い》っていますが、実《じつ》は就職《しゅうしょく》には直結《ちょっけつ》しませんでした。そのあとに自分《じぶん》で探《さが》して決《き》めた仕事《しごと》は長《なが》く続《つづ》いているので、もっと自分《じぶん》で決《き》めて挑戦《ちょうせん》してみればよかったと思《おも》っているのかもしれません。
一度《いちど》仕事《しごと》が変《か》わったときに「帰《かえ》っておいで」と言《い》ったのですが、フユはそのままひとり暮《ぐ》らしを続《つづ》けることを選択《せんたく》しました。離《はな》れて暮《く》らすことで精神的《せいしんてき》に自立《じりつ》したし、親《おや》から離《はな》れてラクにもなった面《めん》もあるのかも……。

関口《せきぐち》　僕《ぼく》もひとりっ子《こ》で遅《おそ》くにできた子《こ》だったので、大切《たいせつ》に育《そだ》てられました。すごくありがたいことだとは思《おも》いますが、親《おや》の言《い》うことを聞《き》きすぎた気《き》もします。でも、そのおかげでたくさん成功体験《せいこうたいけん》をつみ、まわりからプラスの評価《ひょうか》を得《え》られ、自分《じぶん》で何《なに》かをしたいと思《おも》える「チャレンジできる精神的《せいしんてき》な基盤《きばん》」ができました。その基盤《きばん》がないと外《そと》に出《で》ようと思《おも》えなかったと感《かん》じるので、いい環境《かんきょう》でした。千葉《ちば》さんがフユくんにしたことはそれですよ。

千葉《ちば》　ありがとうございます。フユはそういうことを言葉《ことば》にしないので嬉《うれ》しいです。

関口《せきぐち》　僕《ぼく》も自分《じぶん》の親《おや》にはなかなか言《い》えませんよ。親《おや》への感謝《かんしゃ》をすなおに言葉《ことば》にできるようになったのは、子《こ》どもが生《う》まれてからかもしれません。親《おや》の立場《たちば》になってはじめて感《かん》じることってありますよね。

誰《だれ》にも頼《たよ》らないのではなく、頼《たよ》れる先《さき》を知《し》っていることが大事《だいじ》

関口《せきぐち》 お話《はなし》を聞《き》いていて、「自立《じりつ》」には立《た》って歩《ある》くという身体的《しんたいてき》なことから、経済的《けいざいてき》なこと、精《せい》神的《しんてき》なことと捉《とら》え方《かた》はいくつもあるんだなと思《おも》いました。僕《ぼく》は確《たし》かに経済的《けいざいてき》には自立《じりつ》しているかもしれませんが、精神的《せいしんてき》な自立《じりつ》は……できていないときもありそうです。

宇野《うの》 ここでいう精神的《せいしんてき》な自立《じりつ》は親《おや》から離《はな》れることであり、夫婦《ふうふ》が頼《たよ》り頼《たよ》られすることとは別《べつ》だと思《おも》うな。関口《せきぐち》さんが頼《たよ》っていると思《おも》うのはパートナーに対《たい》してですよね？

関口《せきぐち》 そうです。妻《つま》には僕《ぼく》の弱《よわ》い部分《ぶぶん》を支《ささ》えてもらっています。親《おや》からは自立《じりつ》していると思《おも》いたいですね。母《はは》からのお米《こめ》の援助《えんじょ》も、結婚《けっこん》を機《き》になくなりました。今僕《いまぼく》にお米《こめ》を届《とど》けてくれるのはふるさと納税《のうぜい》です（笑《わらい》）。

千葉《ちば》 関口《せきぐち》さんはしっかり自立《じりつ》していますよ。フユも、経済的《けいざいてき》・心理的《しんりてき》に自立《じりつ》しているとさせてください。アルバイトなので収入的《しゅうにゅうてき》にまだ不安《ふあん》はありますが、自分《じぶん》ひとりで生活《せいかつ》できる状《じょう》態《たい》ですし、どうやら将来《しょうらい》について自分自身《じぶんじしん》でいろいろと考《かんが》えているようです。

関口《せきぐち》　あと僕《ぼく》は発達性読《はったつせいよ》み書《か》き障害《しょうがい》の当事者《とうじしゃ》として、自立《じりつ》にあたっては自分自身《じぶんじしん》のニーズや困難《こんなん》さを説明《せつめい》できることがすごく大事《だいじ》だと思《おも》っています。つまり、セルフアドボカシーですね。自分《じぶん》は何《なに》が苦手《にがて》なのかを客観的《きゃっかんてき》に説明《せつめい》できると社会《しゃかい》に出《で》たときに役立《やくだ》つと思《おも》います。

宇野《うの》　おっしゃる通《とお》りですが、自立《じりつ》する社会《しゃかい》の受《う》け入《い》れ方《かた》もあります。関口《せきぐち》さんの職場《しょくば》はそれが受《う》け入《い》れてもらえる場《ば》だったけれど、苦手《にがて》を公表《こうひょう》したことで学校《がっこう》でいじめられたり、会社《かいしゃ》で理解《りかい》されず読《よ》み書《か》きがたくさん必要《ひつよう》な部署《ぶしょ》にまわされたり……ということが、残念《ざんねん》ながらあると聞《き》いています。

千葉《ちば》　今《いま》のフユの職場《しょくば》は飲食店《いんしょくてん》なのですが、同僚《どうりょう》には年上《としうえ》の人《ひと》が多《おお》く、社会《しゃかい》が成熟《せいじゅく》しているのか、苦手《にがて》なことを受《う》け入《い》れてもらいうまくやっているようです。職場《しょくば》の人《ひと》と一緒《いっしょ》に焼肉《やきにく》に行《い》ったよ、って写真《しゃしん》が送《おく》られてきたときは嬉《うれ》しかったですね。コミュニケーションがあまり得意《とくい》ではなく、学生《がくせい》の頃《ころ》はうまくいかないこともあったので。

関口《せきぐち》　苦手《にがて》を知《し》り、ヘルプを出《だ》せるということをさらに掘《ほ》り下《さ》げると、それは誰《だれ》に頼《たよ》ればいいのか、誰《だれ》なら頼《たよ》れるのかを知《し》っていることかもしれませんね。受《う》け入《い》れてもらえる社会《しゃかい》の土台《どだい》を作《つく》るために発信《はっしん》し続《つづ》けるぞ！　と思《おも》います。

子《こ》どもの成長《せいちょう》に合《あ》わせて、親《おや》は少《すこ》しずつ手《て》を引《ひ》いていく

千葉《ちば》　ナツは自立《じりつ》できているか微妙《びみょう》なところです。仕事《しごと》はしているし税金《ぜいきん》も納《おさ》めていますし、頼《たよ》れる人《ひと》を見《み》つけるのは学生時代《がくせいじだい》からわりと得意《とくい》でしたが、実家暮《じっかぐ》らしで家《いえ》のことは何《なに》もしません。毎月《まいつき》、携帯電話代《けいたいでんわだい》と国民健康保険代《こくみんけんこうほけんだい》を含《ふく》めて決《き》まった額《がく》を家《いえ》に入《い》れてますが、家賃《やちん》や食費《しょくひ》も込《こ》みと考《かんが》えるとかなり少《すく》ないです。

宇野《うの》　うーん、まだお母《かあ》さんに甘《あま》えているのかも。自立《じりつ》しているとは言《い》い切《き》れない気《き》がしますね。

千葉《ちば》　ナツは、私《わたし》に対《たい》して「やりたいことをやらせてもらった」と感謝《かんしゃ》を言葉《ことば》にしてくれます。美術専門《びじゅつせんもん》の高校《こうこう》に行《い》ったものの、油絵《あぶらえ》は絵《え》を描《えが》く際《さい》の準備《じゅんび》や後片付《あとかたづ》けの工程《こうてい》が多《おお》く、それをこなすのが苦痛《くつう》で、途中《とちゅう》でパソコンで絵《え》を描《えが》くほうに方向転換《ほうこうてんかん》しました。パソコンだとひとつの画面《がめん》ですべて完結《かんけつ》できるし、描《えが》き途中《とちゅう》の絵《え》がどこにあるかもすぐにわかるということで、リアルで油絵《あぶらえ》をやるよりパソコンで描《えが》いたほうが向《む》いているようです。

宇野《うの》　そうして転換《てんかん》したことが、今《いま》の仕事《しごと》につながっているんですよね？

千葉《ちば》　そうですね。個人《こじん》・企業《きぎょう》さまざまな相手《あいて》から依頼《いらい》を受《う》けて作品《さくひん》をつくっています。

宇野《うの》　今《いま》は本格的《ほんかくてき》な自立《じりつ》に向《む》けての準備期間《じゅんびきかん》なのでしょう。子《こ》どもの自立《じりつ》を子育《こそだ》ての目標《もくひょう》にするのは、発達性読《はったつせいよ》み書《か》き障害《しょうがい》だからではなく、どの家庭《かてい》でもそう。親《おや》が知《し》っている「こうすれば成功《せいこう》する」をいつまで教《おし》えるのか。子《こ》どもの成長《せいちょう》に合《あ》わせて、親《おや》が少《すこ》しずつ手《て》を引《ひ》いていくのが大事《だいじ》なのかもしれませんね。
ひとり暮《ぐ》らしをしている関口《せきぐち》さんにお米《こめ》を送《おく》っていたお母《かあ》さんが、結婚後《けっこんご》は送《おく》るのをやめたのもひとつ手放《てばな》したということでしょう。フユくんに対《たい》して、千葉《ちば》さんがもう細《こま》かいことを言《い》わず、お米《こめ》を送《おく》るだけにしているのもいろいろなものを引《ひ》いた結果《けっか》。ナツちゃんに対《たい》しても、これから少《すこ》しずつ千葉《ちば》さんがやらないことが増《ふ》えていくのではないでしょうか?

千葉《ちば》　ああ、そうですね。学生時代《がくせいじだい》は受験《じゅけん》や合理的配慮《ごうりてきはいりょ》の申請《しんせい》など親《おや》がやってあげないといけないことが多《おお》くありましたが、そういう「やらなければいけないこと」はなくなりました。親側《おやがわ》がやることを減《へ》らしていくことが、自立《じりつ》に向《む》けた助走《じょそう》になりそうです。

――学校《がっこう》を卒業《そつぎょう》し、社会《しゃかい》に出《で》てから親《おや》ができる支援《しえん》は子《こ》ども自身《じしん》が「できること」を見極《みきわ》めて、本人《ほんにん》ができることへのサポートをなくしていくことなのかもしれませんね。

ひらがな、カタカナは小中学生《しょうちゅうがくせい》のうちに身《み》につけておきたい

――3人《にん》のお子《こ》さんのうち2人《ふたり》が社会人《しゃかいじん》になり、子《こ》どもの頃《ころ》をふり返《かえ》って思《おも》うことを教《おし》えてください。

千葉《ちば》　結局《けっきょく》のところ、子《こ》どもの将来《しょうらい》への不安《ふあん》は発達性《はったつせい》読《よ》み書《か》き障害《しょうがい》がなくても同《おな》じだと思《おも》うようになりました。就職《しゅうしょく》できる／できないだとか、その後《ご》の安定《あんてい》も変《か》わらないいんじゃないかと思《おも》っています。

小中学生《しょうちゅうがくせい》の頃《ころ》はもちろん、高校《こうこう》も、専門学校《せんもんがっこう》に行《い》ってもずっと不安《ふあん》でしたが、フユが家《いえ》を出《で》て自立《じりつ》してから「就職《しゅうしょく》できるかどうかにはタイミングもあるし、本人《ほんにん》のやりたいことにもよる」のだと思《おも》えるようになりました。

読《よ》み書《か》きが苦手《にがて》だから就職《しゅうしょく》できないかもしれない……という不安《ふあん》は杞憂《きゆう》だったように思《おも》います。いい大学《だいがく》を出《で》て、大《おお》きな会社《かいしゃ》に入《はい》ったとしても、ずっとその会社《かいしゃ》で働《はたら》き続《つづ》けられるかはわかりませんし、技術《ぎじゅつ》を身《み》につけてもその技術《ぎじゅつ》は機械《きかい》にとってかわられるかもしれない。そう思《おも》えるようになったのは最近《さいきん》のことですが。

宇野《うの》　未来《みらい》のことすべてを見通《みとお》すのは無理《むり》ですが、お子《こ》さんが小学生《しょうがくせい》くらいの保護者《ほごしゃ》の方《かた》は、中《ちゅう》学校以降《がっこういこう》の例《れい》をお伝《つた》えするとほっとされることが多《おお》いですね。先行《さきゆ》きがまったく見《み》えない

ことが不安《ふあん》なのであり、見通《みとお》しがつくことで安心《あんしん》されるのでしょう。

千葉《ちば》　見通《みとお》しがつくと不安《ふあん》が軽減《けいげん》されるのはその通《とお》りで、ナツもフユと同《おな》じ発達性《はったつせい》読《よ》み書《か》き障害《しょうがい》だとわかったとき、フユの時《とき》より不安《ふあん》は少《すく》なかったです。読《よ》み書《か》きで大変《たいへん》だったのは、制《せい》約《やく》の多《おお》い高校《こうこう》までのでしたね。絶対《ぜったい》に文字《もじ》を書《か》かないといけない場面《ばめん》が多《おお》かったです。今《いま》はスマホとメモ帳《ちょう》があれば、自分《じぶん》で調《しら》べることもできるしなんとかなります。

宇野《うの》　そういう意味《いみ》では、小中学生《しょうちゅうがくせい》のうちにひらがな、カタカナを書《か》けるようにしておくといいですね。社会人《しゃかいじん》になっても、ひらがな、カタカナでメモがとれればやっていける仕事《しごと》は増《ふ》えます。スマホで音声入力《おんせいにゅうりょく》もできますが、それだけだと厳《きび》しい場面《ばめん》がありますよね。いちいち入力《にゅうりょく》する時間《じかん》がないときもありますので。

関口《せきぐち》　ひらがな、カタカナはおさえておきたいですね。ルビが読《よ》めないのは辛《つら》いです。音声《おんせい》の読《よ》み上《あ》げも使《つか》いますが、なるべく聞《き》きながら文字《もじ》を見《み》るようにしています。文字《もじ》も同時《どうじ》に見《み》るほうが理解《りかい》が深《ふか》まりますし、完全《かんぜん》に音声《おんせい》だけで理解《りかい》するのは集中力《しゅうちゅうりょく》も要《よう》します。

宇野《うの》　問題《もんだい》は、小中学校《しょうちゅうがっこう》で読《よ》み書《か》きの専門家《せんもんか》がまわりに必《かなら》ずいるわけではないということです。小学《しょうがく》1年生《ねんせい》の夏休《なつやす》みの間《あいだ》に家《いえ》でひらがなの練習《れんしゅう》をしても、夏休《なつやす》み明《あ》けまでにひらがなの読《よ》み書《か》きが習得《しゅうとく》できなかった場合《ばあい》は、学校《がっこう》の発達《はったつ》支援《しえん》の先生《せんせい》や教育委員会《きょういくいいんかい》などへの相談《そうだん》を通《とお》して、なんとか専門家《せんもんか》につながることをおすすめします。ひらがなでつまずくお子《こ》さんのサポートは、学校《がっこう》やご家庭《かてい》だけでは難《むずか》しいでしょう。

ひらがな、カタカナの読《よ》み書《か》きがなんとかできるという場合《ばあい》には、ルビつきのテスト用紙《ようし》の利用《りよう》や、漢字《かんじ》で回答《かいとう》しなくてもひらがな、カタカナで書《か》くことでも減点《げんてん》されないなどの配慮《はいりょ》により、苦手《にがて》をカバーした学《まな》びの支援《しえん》を受《う》けることをおすすめします。標準《ひょうじゅん》読《よ》み書《か》きスクリーニング検査《けんさ》は、そうした支援《しえん》を受《う》けるために必要《ひつよう》な「どこが苦手《にがて》なのかの見《み》える化《か》・言語化《げんごか》」に役立《やくだ》つでしょう。

できないことを支援《しえん》でカバーする環境《かんきょう》を小中学校《しょうちゅうがっこう》で作《つく》れていれば、高校入試《こうこうにゅうし》や高校生活《こうこうせいかつ》での支援《しえん》にもつながります。

千葉《ちば》　2024年《ねん》4月《がつ》から合理的配慮《ごうりてきはいりょ》が義務化《ぎむか》されました。ナツが高校《こうこう》で合理的配慮《ごうりてきはいりょ》を申《もう》し出《で》たときは、私立《しりつ》の学校《がっこう》は「努力義務《どりょくぎむ》」だったのですが、「うちではできません」の一点張《いってんば》りでした。読《よ》み書《か》きが困難《こんなん》な子《こ》どもがいるということを、知《し》ろうという姿勢《しせい》も感《かん》じられなかったのですが、義務化《ぎむか》されたことでそういったことはなくなるのでしょうか。

宇野《うの》 徐々《じょじょ》にやってくれる流《なが》れにはなっていますが、義務化直前《ぎむかちょくぜん》でも「うちはやりません」という学校《がっこう》はありました。教員《きょういん》の働《はたら》き方改革《かたかいかく》に反《はん》する、労働時間《ろうどうじかん》が増《ふ》えるというのがその理由《りゆう》でしたが、それで法律違反《ほうりついはん》するのは納得《なっとく》できませんね。一体《いったい》、何《なに》にそんなに時間《じかん》がかかるのでしょうか。

関口《せきぐち》 今《いま》や画像《がぞう》からテキスト化《か》して読《よ》み上《あ》げもできますからね。僕《ぼく》も、カメラで撮影《さつえい》をして、テキストを抽出《ちゅうしゅつ》・コピーし、メモ帳《ちょう》やワードにペーストしてテキスト化《か》し、ルビを入《い》れたり音声読《おんせいよ》み上《あ》げをしたりしています。

宇野《うの》 デジタル教科書《きょうかしょ》を使《つか》えば、音声化《おんせいか》やルビふりもできると思《おも》うのですが、使《つか》えていない現場《げんば》が多《おお》いのは残念《ざんねん》ですね。肢体不自由《したいふじゆう》のある子《こ》に対《たい》してはかなり使《つか》われているようで、地域《ちいき》や先生《せんせい》による温度差《おんどさ》が大《おお》きいところです。

千葉《ちば》 フユ、ナツの弟《おとうと》のアキは発達性読《はったつせいよ》み書《か》き障害《しょうがい》ではありませんが、通級《つうきゅう》に通《かよ》ってます。彼《かれ》は自分《じぶん》が必要《ひつよう》と思《おも》っていないこと、納得《なっとく》できないことはやらないので、連絡帳《れんらくちょう》を一切書《いっさいか》きません。覚《おぼ》えてるから書《か》く必要《ひつよう》ないよね、という判断《はんだん》です。
同《おな》じように宿題《しゅくだい》や勉強《べんきょう》も言《い》われた通《とお》りにはやりません。合理的配慮《ごうりてきはいりょ》のひとつとして「宿題《しゅくだい》を減《へ》らしてほしい」というお願《ねが》いをしたことがあります。たくさんあるとできないけど、量《りょう》を減《へ》らしてもらえたら、その分《ぶん》はがんばれるので、と説明《せつめい》したのですが、先生《せんせい》の答《こた》えは「彼《かれ》にはみんなと同《おな》じように提出《ていしゅつ》できるようになってもらいたい」でした。

「できないことをやらせると本人《ほんにん》が大変《たいへん》なのでやらせないでください」と言《い》ったのですが、先生《せんせい》は努力《どりょく》すればできると思《おも》っているんですよね。「できないことをがんばってやる負《ふ》担《たん》」が伝《つた》わらない。

通級《つうきゅう》の先生《せんせい》からは「よくぞ言《い》ってくれました」と言《い》われました。環境《かんきょう》によって、受《う》け止《と》め方《かた》にはまだまだ大《おお》きな違《ちが》いがあります。

大人《おとな》になれば、結局《けっきょく》のところ字《じ》を書《か》くことは少《すく》ないですし、字《じ》を書《か》かずにすむ仕事《しごと》を選《えら》べば問題《もんだい》はないのかもしれません。ただ、やっぱり学校《がっこう》においては……タイピングをすることを学校《がっこう》が受《う》け入《い》れてくれるか……というところがネックになります。

宇野《うの》　一人《ひとり》ひとりのニーズにあった支援《しえん》をするという意識《いしき》が社会《しゃかい》の側《がわ》に足《た》りていないから、子《こ》どもに合《あ》った支援《しえん》を求《もと》めて保護者《ほごしゃ》が学校《がっこう》と交渉《こうしょう》するというサポートが必要《ひつよう》になるんですね。

関口《せきぐち》　先《さき》ほど宇野《うの》先生《せんせい》が、職場《しょくば》で読《よ》み書《か》きの苦手《にがて》を伝《つた》えたのに、読《よ》み書《か》きがたくさん必要《ひつよう》な部署《ぶしょ》に配属《はいぞく》された例《れい》があるとおっしゃっていましたが、世《よ》の中《なか》の人《ひと》がもっと「努力《どりょく》でどうこうできるものではない」と知《し》っていることが大事《だいじ》ですね。

千葉《ちば》 地域《ちいき》や先生《せんせい》によって知識《ちしき》や対応《たいおう》に差《さ》があるのは、今《いま》が過渡期《かとき》だから……と思《おも》っていたのですが、過渡期《かとき》がずいぶん長《なが》いですね。フユもナツも学校《がっこう》に通《かよ》う年齢《ねんれい》ではなくなりました。これからの子《こ》どもたちのためにも、少《すこ》しでも早《はや》く当《あ》たり前《まえ》になってほしいですし、そのためにこうして発信《はっしん》していますが、親《おや》としては残念《ざんねん》です。

宇野《うの》 努力《どりょく》してもほとんどの場合《ばあい》、オリンピック選手《せんしゅ》になれないということは誰《だれ》もが理解《りかい》しているのに、努力《どりょく》しても字《じ》が書《か》けるようにならないということはなかなか伝《つた》わり切《き》らないんですね。とはいっても、少《すこ》しずつ環境《かんきょう》は変《か》わってきています。2001年《ねん》に発達性《はったつせい》ディスレクシア研究会《けんきゅうかい》を、2004年《ねん》にLD《エルディー》・ディスレクシアセンターを立《た》ち上《あ》げたときは「日本《にほん》語話者《ごわしゃ》のディスレクシア？　そんなのないでしょ」と言《い》われていましたが、2024年《ねん》の今《いま》、「日本語話者《にほんごわしゃ》の発達性読《はったつせいよ》み書《か》き障害《しょうがい》はいない」と言《い》う人《ひと》はいなくなりました。学校《がっこう》や地域《ちいき》によって対応《たいおう》に差《さ》があるとはいえ、合理的配慮《ごうりてきはいりょ》をしてもらえるところが増《ふ》えてきています。

このように少《すこ》しずつ広《ひろ》がってはいますが、おっしゃる通《とお》り、時間《じかん》がかかっていますね。

千葉《ちば》　保護者《ほごしゃ》にしたら、今自分《いまじぶん》の子《こ》どもが合理的配慮《ごうりてきはいりょ》を受《う》けられないことが大問題《だいもんだい》です。保護者《ほごしゃ》が何《なに》かできることはありませんか？

宇野《うの》　東京都練馬区《とうきょうとねりまく》では保護者《ほごしゃ》がボランティアセンターに相談《そうだん》に行《い》ったことがきっかけで、毎年《まいとし》シンポジウムを開催《かいさい》するようになりました。自治体《じちたい》の相談窓口《そうだんまどぐち》や教育委員会《きょういくいいんかい》に働《はたら》きかけていくことがひとつの手段《しゅだん》になります。

私《わたし》も教育委員会《きょういくいいんかい》や自治体《じちたい》に働《はたら》きかけ、発達性読《はったつせいよ》み書《か》き障害《しょうがい》の早期発見《そうきはっけん》、早期対応《そうきたいおう》システムの構築《こうちく》および指導《しどう》ができる教員育成《きょういんいくせい》に取《と》り組《く》んでいますが、10年計画《ねんけいかく》です。

千葉《ちば》さんのお子《こ》さんが社会人《しゃかいじん》になったように、その間《あいだ》にも多《おお》くの子《こ》どもたちが学《まな》ぶ期間《きかん》を終《お》えて社会《しゃかい》に出《で》ており、対応《たいおう》が追《お》い付《つ》かないのが悔《くや》しいですね。

「本音《ほんね》を聞《き》き出《だ》す」「言語化《げんごか》を手伝《てつだ》う」のは保護者《ほごしゃ》ができる支援《しえん》

千葉《ちば》　宇野先生《うのせんせい》がフユに「将来《しょうらい》の夢《ゆめ》やなりたいものはありますか？」と聞《き》いてくれたのは、中学《ちゅうがく》に上《あ》がる少《すこ》し前《まえ》くらいだったと思《おも》います。そのときに「苦手《にがて》じゃないことの中《なか》からできることを探《さが》す」という考《かんが》え方《かた》を教《おし》えてもらいました。

宇野《うの》　好《す》きなことは趣味《しゅみ》に、嫌《いや》じゃないことを仕事《しごと》に……というのは千葉《ちば》さんと何度《なんど》も話《はな》していますね。いざ就職《しゅうしょく》が目《め》の前《まえ》にせまってから自分《じぶん》の得意《とくい》・不得意《ふとくい》やどんな職業《しょくぎょう》があるのかを考《かんが》えるのは負担《ふたん》が大《おお》きいですから、ある程度若《ていどわか》いときにそこを認識《にんしき》しておくのは大事《だいじ》だと思《おも》います。

千葉《ちば》　宇野先生《うのせんせい》がフユに将来《しょうらい》について聞《き》いたとき、「お父《とう》さんみたいに一生懸命働《いっしょうけんめいはたら》く人《ひと》になりたい！」と言《い》ったのには驚《おどろ》きました。お父《とう》さんのことをそんな風《ふう》に思《おも》っていたなんて!!! と。当時《とうじ》、仕事《しごと》が忙《いそが》しくて全然家《ぜんぜんいえ》に帰《かえ》っておらず、子《こ》どもの運動会《うんどうかい》などにもほとんど来《こ》られず、「一生懸命働《いっしょうけんめいはたら》いてるんだよ」と言《い》っていたのが、そこにつながったようです。あのとき宇野先生《うのせんせい》が質問《しつもん》してくれなかったら、フユがそう思《おも》っていることを知《し》る由《よし》もありませんでしたし、その後《ご》、苦手《にがて》じゃないことの中《なか》から専門学校《せんもんがっこう》へ進《すす》むという道《みち》も選《えら》べなかったです。

関口《せきぐち》　うちの母《はは》も、父《ちち》のことをよく褒《ほ》めていました。逆《ぎゃく》も大切《たいせつ》で、お父《とう》さんも「お母《かあ》さんすごい」と親同士《おやどうし》が尊敬《そんけい》し合《あ》いながら、子《こ》どもも親《おや》を尊敬《そんけい》できるような関係《かんけい》を築《きず》きたいです。

宇野《うの》　仕事《しごと》だけでなく、子《こ》どもには「尊敬《そんけい》できる人《ひと》はいる？」「どういうことが嬉《うれ》しい？」と訊《たず》ねることも多《おお》いですね。そこで「お父《とう》さん」と答《こた》えた子《こ》はほかにもいます。そこではじめて

「将来《しょうらい》はお父《とう》さんと同《おな》じ自動車整備工《じどうしゃせいびこう》になりたい」と言《い》って、お父《とう》さんがその場《ば》で泣《な》きだした……ということもありました。

「どういうことが嬉《うれ》しいのか」は、たいていの場合《ばあい》、友《とも》だちとの関《かか》わりですね。体育祭《たいいくさい》でクラス一丸《いちがん》となって応援《おうえん》したこと、部活《ぶかつ》で仲間《なかま》と力《ちから》を合《あ》わせて試合《しあい》に挑《いど》んだことなどがよく出《で》てきます。そうなると、高校《こうこう》に入《はい》って部活動《ぶかつどう》や委員会活動《いいんかいかつどう》、文化祭《ぶんかさい》などみんなと一緒《いっしょ》にやっていくのも楽《たの》しいんじゃない？　と高校生活《こうこうせいかつ》では勉強以外《べんきょういがい》の楽《たの》しい経験《けいけん》ができることに目《め》を向《む》けられます。勉強《べんきょう》で躓《つまず》いて苦《くる》しい思《おも》いをしていても、中学《ちゅうがく》でいちばん思《おも》い出《で》に残《のこ》っている嬉《うれ》しいことが、そうした友《とも》だちとの関《かか》わりによって生《う》まれる経験《けいけん》なのであれば、高校《こうこう》もそういう経験《けいけん》をするために進《すす》めばいいのです。発達性読《はったつせいよ》み書《か》き障害《しょうがい》だけで、併存《へいぞん》している発達障害《はったつしょうがい》がほかになければ、友《とも》だち関係《かんけい》はいいことが多《おお》いですから。

関口《せきぐち》

僕《ぼく》も、友《とも》だちとの関《かか》わりがいちばん思《おも》い出《で》に残《のこ》っています。野球部《やきゅうぶ》の顧問《こもん》の先生《せんせい》が1年生《ねんせい》を積極的《せっきょくてき》に試合《しあい》に出《だ》す人《ひと》だったので、ここまで一緒《いっしょ》にがんばってきた3年生《ねんせい》の仲間《なかま》を出《だ》してくれ！　と職員室《しょくいんしつ》でデモをして、部長《ぶちょう》から副部長《ふくぶちょう》に降格《こうかく》させられました。そのくらい人《ひと》への思《おも》い入《い》れが強《つよ》く、人《ひと》の心《こころ》が知《し》りたくて、心理学者《しんりがくしゃ》になりたいと思《おも》っていた時期《じき》もあります。そうした自分《じぶん》の気持《きも》ちの言語化《げんごか》を手伝《てつだ》ってくれる大人《おとな》は重要《じゅうよう》ですね。お話《はなし》を聞《き》いていると、学生時代《がくせいじだい》に宇野先生《うのせんせい》に出会《であ》いたかったと思《おも》いましたよ。

宇野《うの》　その頃《ころ》に出会《であ》っていたら今《いま》ここでこうして一緒《いっしょ》に本《ほん》を出《だ》してはいないだろうけどね（笑《わらい》）。

関口《せきぐち》　それはそうですね（笑《わらい》）。好《す》きなことや自分《じぶん》の持《も》っている価値観《かちかん》をひとりで言語化《げんごか》するのは難《むずか》しいので、そこを手伝《てつだ》うことは保護者《ほごしゃ》にできる支援《しえん》のひとつかな、と思《おも》います。

千葉《ちば》　親《おや》として子《こ》どもにこうなってほしいという気持《きも》ちをおさえて、客観的《きゃっかんてき》に子《こ》どもの話《はなし》を聞《き》くのは難《むずか》しそうですが、あのタイミングでの宇野先生《うのせんせい》の質問《しつもん》は、今《いま》ふり返《かえ》ってもすごくありがたいことだったので、子《こ》どものために何《なに》ができるのかと考《かんが》えている保護者《ほごしゃ》の方《かた》はやってみてもいいと思《おも》います！

勉強《べんきょう》はなんのためにするのか

千葉《ちば》　ナツは専門学校《せんもんがっこう》を卒業後《そつぎょうご》、就職《しゅうしょく》はせずにフリーのクリエイターとして個人《こじん》で仕事《しごと》を請《う》けています。先《さき》ほどもお話《はな》ししたように、アナログでの作業《さぎょう》は「描《えが》く」ことに集中《しゅうちゅう》できないと苦痛《くつう》を感《かん》じていましたが、パソコンでなら集中《しゅうちゅう》して作業《さぎょう》ができました。好《す》きな「絵《え》を描《えが》く」ということですら、向《む》き・不向《ふむ》きがあったのです。

これらは発達性読《はったつせいよ》み書《か》き障害《しょうがい》ではなく、ADHD《エーディーエイチディー》の影響《えいきょう》だと思《おも》うのですが、「絵《え》を描《えが》く」のは好《す》き・得意《とくい》といえど、そのなかでも違《ちが》いがあるんだと知《し》りました。

『うちの子《こ》は字《じ》が書《か》けないかも」と思《おも》ったら』で描《えが》いたように、高校《こうこう》では実技《じつぎ》ではなく勉強《べんきょう》のほうで留年《りゅうねん》の可能性《かのうせい》もあり、そうならないようにと家庭教師《かていきょうし》の先生《せんせい》にもお願《ねが》いしていました。

そのときに、なんのために勉強《べんきょう》するのかということについて考《かんが》えさせられました。英語《えいご》が特《とく》に苦手《にがて》だったので、英語《えいご》のテストのために教科書《きょうかしょ》の例文《れいぶん》の「和訳《わやく》」だけを暗記《あんき》したり……。

関口《せきぐち》　和訳《わやく》の暗記《あんき》は僕《ぼく》もやってましたね。英語《えいご》のテストの中《なか》でいちばん得意《とくい》だったのは、教科書《きょうかしょ》の英文《えいぶん》の一部《いちぶ》が空白《くうはく》になっている穴埋《あなう》め問題《もんだい》です。教科書本文《きょうかしょほんぶん》を丸暗記《まるあんき》しないと点数《てんすう》が取《と》れないという悲《かな》しい理由《りゆう》でしたが……。

千葉《ちば》　そのときのテストでしか使《つか》えない特殊能力《とくしゅのうりょく》ですね。

関口《せきぐち》　試験範囲《しけんはんい》が決《き》まっているからできることで、その後《ご》は役《やく》に立《た》ちません。中学《ちゅうがく》までは丸暗記《まるあんき》でなんとか乗《の》り切《き》れましたが、高校《こうこう》は物量《ぶつりょう》で押《お》し切《き》られてグレるしかなかったです。英語《えいご》は本当《ほんとう》に読《よ》めないので、トイレを「Toilet《トイレット》」や「Rest room《レストルーム》」と書《か》かれていたらわかりません。たぶんトイレだろうなと探《さが》しています。

宇野《うの》　関口《せきぐち》さんは優秀《ゆうしゅう》だから進学校《しんがくこう》に入《はい》れてしまったけれど、もう少《すこ》し学力《がくりょく》レベルがゆるいところに行《い》っていたらご自身《じしん》の実力《じつりょく》に合《あ》った勉強《べんきょう》ができ、高校生活《こうこうせいかつ》を楽《たの》しめたと思《おも》う。

関口《せきぐち》　その高校選《こうこうえら》びのポイントは大事《だいじ》だと思《おも》います。高校《こうこう》でもっとちゃんと学《まな》びたかったです。

宇野《うの》　テスト対策《たいさく》の勉強《べんきょう》ではなく、純粋《じゅんすい》に学《まな》びたいですよね。筑波大学名誉教授《つくばだいがくめいよきょうじゅ》の宮本信也先生《みやもとしんやせんせい》は「何《なに》かのために勉強《べんきょう》する」のは本当《ほんとう》は違《ちが》うんじゃないかなとおっしゃっていました。小児《しょうに》がんなどで死期《しき》が近《ちか》い子《こ》どもたちも「勉強《べんきょう》がしたい」と、小児病棟内《しょうにびょうとうない》にある院内学級《いんないがっきゅう》に勉強《べんきょう》しに来《く》るそうです。その子《こ》たちの勉強《べんきょう》は、将来《しょうらい》のためでも働《はたら》くためでもテストのためでもありません。勉強《べんきょう》するのが純粋《じゅんすい》に楽《たの》しいというんですね。「楽《たの》しいから勉強《べんきょう》する」、これが本質《ほんしつ》ではないのかというお話《はなし》です。

千葉《ちば》　知《し》らなかったことを知《し》る、理解《りかい》できる楽《たの》しさはありますね。私《わたし》は、子《こ》どもたちをきっかけに発達障害《はったつしょうがい》や発達性《はったつせい》ディスレクシアについて学《まな》ぶことができました。新《あたら》しい見方《みかた》ができるようになり、自分《じぶん》にとってもよかったです。

宇野《うの》　発達性《はったつせい》ディスレクシアの子《こ》たちはうまく学《まな》べていないだけなので、義務教育《ぎむきょういく》のあとの高校《こうこう》で中学《ちゅうがく》までの復習《ふくしゅう》をしてくれる学校《がっこう》を選《えら》べると、「学《まな》びなおし」ができます。中学《ちゅうがく》3年生《ねんせい》の発達性《はったつせい》ディスレクシアの子《こ》たちに本音《ほんね》を聞《き》いたら、みんながみんな「本当《ほんとう》は勉強《べんきょう》したい」と言《い》っていました。中学《ちゅうがく》のときは、適切《てきせつ》な支援《しえん》も受《う》けられず、授業《じゅぎょう》についていけずに勉強《べんきょう》をやっていなかったけど、本当《ほんとう》はもっとやりたかった……と。

ナツちゃんのように専門性《せんもんせい》のある高校《こうこう》に行《い》くのもいいと思《おも》います。

千葉《ちば》　ナツの場合《ばあい》は、学力《がくりょく》に見合《みあ》っていませんでしたけどね。ひとつ学力《がくりょく》のランクを落《お》とした美《び》術《じゅつ》の学校《がっこう》もあり、そちらを選《えら》んでいたら……と思《おも》わなくはありません。

宇野《うの》　それでも、決定権《けっていけん》は子《こ》どもにありますからね。関口《せきぐち》さんも「学《まな》びたかった」という思《おも》いはあれど、自分《じぶん》で選《えら》んだ高校《こうこう》なので、後悔《こうかい》ばかりではないんじゃないでしょうか。

関口《せきぐち》　念願《ねんがん》の公立《こうりつ》の男子校《だんしこう》。人生《じんせい》を一変《いっぺん》させるような挫折《ざせつ》はありましたが、自分《じぶん》で決《き》めたことなので今《いま》は納得《なっとく》できています。「最後《さいご》の決定権《けっていけん》はお子《こ》さんが握《にぎ》っている」と思《おも》うことが大切《たいせつ》ですね。挫折《ざせつ》のあと、踏《ふ》みとどまれたのは、たくさんの人《ひと》に支《ささ》えていただいたからであり、感謝《かんしゃ》しています。

「高校《こうこう》の3年間《ねんかん》」は将来《しょうらい》を決《き》める大事《だいじ》な時期《じき》

宇野《うの》　将来《しょうらい》について考《かんが》え始《はじ》めるのは中学入学前後《ちゅうがくにゅうがくぜんご》というお話《はなし》をしましたが、高校《こうこう》1年生《ねんせい》の後《こう》半《はん》か2年生《ねんせい》あたりからはより本格的《ほんかくてき》に将来《しょうらい》に向《む》けて家族《かぞく》や支援者《しえんしゃ》と話《はな》し合《あ》うことが大《たい》切《せつ》です。

学力《がくりょく》がマッチして、学《まな》べる高校《こうこう》に入《はい》れた場合《ばあい》、中学《ちゅうがく》まで精神的《せいしんてき》にだいぶ打《う》たれ続《つづ》けてきた子《こ》がのびのびと過《す》ごすことができます。自分《じぶん》に合《あ》う環境《かんきょう》で学《まな》び、心《こころ》に余裕《よゆう》を持《も》てた状態《じょうたい》で、2年生《ねんせい》から将来《しょうらい》について考《かんが》えはじめます。この時期《じき》からはじめるのは、そこで決《き》めておかないと、周囲《しゅうい》が「大学受験一色《だいがくじゅけんいっしょく》」になりはじめるからです。友人《ゆうじん》たちが大《だい》学受験《がくじゅけん》する中《なか》、先《さき》を決《き》めていないと「僕《ぼく》も大学《だいがく》に行《い》きたい」とつられそうになります。

その前《まえ》に、ペーパーテストで勝負《しょうぶ》をする環境《かんきょう》は不利《ふり》だよね、それ以外《いがい》に道《みち》はないのか？　大学《だいがく》に行《い》くとしても、読《よ》み書《か》きが苦手《にがて》でも無理《むり》なく働《はたら》ける職種《しょくしゅ》に結《むす》びつく大学《だいがく》、学部《がくぶ》を選《えら》べるといいですね。

子《こ》どもは職業《しょくぎょう》の選択肢《せんたくし》をたくさんは持《も》てないので、そこは保護者《ほごしゃ》のフォローが必要《ひつよう》です。

また、この時期《じき》からアルバイトをするのもおすすめです。

千葉《ちば》 高校生《こうこうせい》よりも少《すこ》し時期《じき》は遅《おそ》いですが、フユは専門学校《せんもんがっこう》のときにアルバイトをしました。そのときの経験《けいけん》は今《いま》も活《い》きているんじゃないかなあ。フユはＡＳＤ《エーエスディー》もあり、応用《おうよう》はきかないけれど、覚《おぼ》えれば仕事《しごと》はできるんです。

宇野《うの》 ほかの発達障害《はったつしょうがい》を併発《へいはつ》していない典型的《てんけいてき》な発達性《はったつせい》ディスレクシアの場合《ばあい》は、応用《おうよう》もきくし社会性《しゃかいせい》もあるから面接《めんせつ》も上手《じょうず》。アルバイトはうまくいくことが多《おお》いと思《おも》います。

関口《せきぐち》 僕《ぼく》は高校時代《こうこうじだい》はいちばん落《お》ち込《こ》んでいた時期《じき》なので、アルバイトはしていませんが、大学《だいがく》に行《い》く・行《い》かないの前《まえ》に、どういう職業《しょくぎょう》につきたいのか、そのためにどうすればいいのかを考《かんが》えましたね。ちょうど高校《こうこう》2年生《ねんせい》の頃《ころ》でした。大学《だいがく》に行《い》くと4年間《ねんかん》専門的《せんもんてき》なことを文字《もじ》をベースに勉強《べんきょう》しないといけない。苦労《くろう》をするのがわかっているのに、そこに進《すす》むのか……と葛藤《かっとう》しました。

千葉《ちば》 それでも結局《けっきょく》言語聴覚士《げんごちょうかくし》！

関口《せきぐち》 今《いま》のような活動《かつどう》をするんだ！　と意気込《いきご》んでいましたね。言語聴覚士《げんごちょうかくし》の国家試験《こっかしけん》が長文《ちょうぶん》の記述《きじゅつ》であれば、言語聴覚士《げんごちょうかくし》になるのは諦《あきら》めて、漆塗《うるしぬ》り職人《しょくにん》や納棺士《のうかんし》などもいいかも……と思《おも》い描《えが》いていた時期《じき》もありました。本屋《ほんや》に走《はし》り、言語聴覚士《げんごちょうかくし》の国家試験《こっかしけん》の問題《もんだい》を見《み》て、長《ちょう》文《ぶん》の読《よ》み書《か》きが必要《ひつよう》ないことを知《し》り、目指《めざ》す希望《きぼう》を持《も》ったことを覚《おぼ》えています。

発達性読《はったつせいよ》み書《か》き障害《しょうがい》の方《かた》に、言語聴覚士《げんごちょうかくし》という職業《しょくぎょう》をおすすめしているわけではありませんよ。読《よ》み書《か》きすることは多《おお》いですからね……。

宇野《うの》

関口《せきぐち》さんの症状《しょうじょう》は読《よ》み書《か》きの問題《もんだい》だけで、人間関係《にんげんかんけい》を構築《こうちく》できるし、職人《しょくにん》の弟子《でし》に入《はい》ることもできそうですね。とはいえ、実際《じっさい》に漆塗《うるしぬ》り職人《しょくにん》や納棺士《のうかんし》がどのようにその道《みち》に進《すす》むのかは、一般的《いっぱんてき》に誰《だれ》でも知《し》っていることではありませんよね。

言語聴覚士《げんごちょうかくし》の後輩《こうはい》たちに「なぜ言語聴覚士《げんごちょうかくし》になったのか」を聞《き》いてみたところ、「おばあちゃんを病院《びょういん》に連《つ》れて行《い》ったときに〈言語聴覚士募集《げんごちょうかくしぼしゅう》〉のポスターを見《み》た」という人《ひと》がいました。実際《じっさい》に言語聴覚士《げんごちょうかくし》の仕事内容《しごとないよう》をよく知《し》らないまま目指《めざ》したというんですね。

社会《しゃかい》に出《で》て働《はたら》いている大人《おとな》でも、その仕事《しごと》についてよくわかっていて選《えら》んだのかというと、そうじゃない人《ひと》も大勢《おおぜい》いますよね。自分《じぶん》が経験《けいけん》したことのない職業《しょくぎょう》の「実際《じっさい》」はあまり知《し》らないものです。学校《がっこう》でいうところのオープンキャンパスのような「職業体験《しょくぎょうたいけん》」などで、その様子《ようす》を実際《じっさい》に体験《たいけん》してみるのもいいですね。

同《おな》じ職業《しょくぎょう》であっても、家族経営《かぞくけいえい》なのか会社経営《かいしゃけいえい》なのかで、働《はたら》きやすさは変《か》わってきます。

千葉《ちば》　それは大《おお》いにありますね。周囲《しゅうい》の方《かた》の受《う》け止《と》め方《かた》や環境《かんきょう》によって働《はたら》きやすさはすごく変《か》わってくると思《おも》うので、同《おな》じ職業《しょくぎょう》でも違《ちが》う……ということもありそうです。

宇野《うの》　共通《きょうつう》していえるのは、読《よ》み書《か》きがそれほどは必要《ひつよう》とされない職業《しょくぎょう》であれば、発達性読《はったつせいよ》み書《か》き障害《しょうがい》のある人《ひと》はサポートがあまりいらないということです。読《よ》み書《か》きが必須《ひっす》な職業《しょくぎょう》を選《えら》ぶと、配慮《はいりょ》を受《う》けずにやっていくのは難《むずか》しい。大人《おとな》になったら保護者《ほごしゃ》がサポートする場面《ばめん》はなくなりますが、周囲《しゅうい》のサポートが必要《ひつよう》になります。学校《がっこう》では合理的配慮《ごうりてきはいりょ》を受《う》けるとしても、そのあとは職業次第《しょくぎょうしだい》です。一生合理的配慮《いっしょうごうりてきはいりょ》を受《う》ける生活《せいかつ》をしていくのか、合理的配慮《ごうりてきはいりょ》が必要《ひつよう》のない職《しょく》について、逆《ぎゃく》にサポートする側《がわ》として人《ひと》の役《やく》に立《た》つのか……。

千葉《ちば》　介護職《かいごしょく》に進《すす》む人《ひと》がいるのがわかりますね。フユには向《む》いていなさそうですが、読《よ》み書《か》きがあまり重視《じゅうし》されず、人《ひと》の役《やく》に立《た》てる仕事《しごと》だと思《おも》います。

宇野《うの》　フユくん本人《ほんにん》も「僕《ぼく》は介護《かいご》には向《む》いていない」って言《い》っていましたよ。自分《じぶん》のことがよくわかっていますね。読《よ》み書《か》きのみならず、ほかにも苦手《にがて》がある場合《ばあい》は、そこも含《ふく》めて考《かんが》えていく必要《ひつよう》があります。

千葉《ちば》　そうですね。私《わたし》は知《し》らない人《ひと》と関《かか》わることが苦手《にがて》です。家《いえ》に帰《かえ》ったあと寝込《ねこ》むぐらいストレスを感《かん》じるので、接客業《せっきゃくぎょう》なんかはぜったいできないと思《おも》うのですが、フユは接客業《せっきゃくぎょう》ができているので、うまく自分《じぶん》の苦手《にがて》じゃない範囲《はんい》で仕事《しごと》を探《さが》しているなと思《おも》います。

親《おや》が自立《じりつ》を認《みと》め、手放《てばな》してくれることが子《こ》どもの自信《じしん》になる

千葉《ちば》　ここまで保護者《ほごしゃ》がサポートできることについてお話《はな》ししてきました。小中学生《しょうちゅうがくせい》の頃《ころ》の合理《ごうり》的配慮《てきはいりょ》を受《う》けるにあたってのサポート、将来《しょうらい》について考《かんが》えるきっかけをつくること、職業《しょくぎょう》選択《せんたく》の幅《はば》を広《ひろ》げること、そして、ある程度《ていど》成長《せいちょう》してからは少《すこ》しずつ手《て》を引《ひ》くということ。自分《じぶん》で生活《せいかつ》をはじめたあとは、自立《じりつ》を応援《おうえん》すると決《き》めて、見守《みまも》ることに徹底《てってい》するしかないのでしょうか。

宇野《うの》　それでいいんじゃないでしょうか。今《いま》どきは子《こ》どもの転職《てんしょく》に反対《はんたい》する保護者《ほごしゃ》もいると聞《き》きます。内定通知《ないていつうち》を保護者宛《ほごしゃあ》てに送《おく》る会社《かいしゃ》も出《で》てきているとか。いつまで子《こ》どもとして扱《あつか》うのか、そうした考《かんが》え方《かた》はご家庭《かてい》によるけど、僕《ぼく》は転職《てんしょく》に親《おや》が口《くち》出《だ》しするのは過干渉《かかんしょう》だと感《かん》じるし、社会人《しゃかいじん》になってからは関《かか》わらない、おせっかいを焼《や》きすぎないという自制《じせい》は意識《いしき》してもいいと思《おも》いますね。

千葉《ちば》　本当《ほんとう》にそうですね。お米《こめ》を送《おく》るのも、たとえば結婚《けっこん》したり、きちんと就職《しゅうしょく》したり、もうワンステップ上《あ》がったらやめなきゃな、と心《こころ》にとどめておきます。

関口《せきぐち》　保護者《ほごしゃ》がサポートしてくれることで、人《ひと》に頼《たよ》れる基盤《きばん》が作《つく》られていくので、それを感《かん》じている子《こ》ども側《がわ》から「もういらないよ！」と言《い》うのは難《むずか》しいこともあるでしょうね。でも、親《おや》のほうから「もう安心《あんしん》だ」「自立《じりつ》したんだからお母《かあ》さんは助《たす》けないよ」と言《い》ってもらえることで得《え》られる自信《じしん》や安心感《あんしんかん》もあると思《おも》います。

千葉《ちば》　「もう大丈夫《だいじょうぶ》だね！」と手《て》を放《はな》すことが、親《おや》ができる最後《さいご》のサポートなのかもしれませんね。あとは、何《なに》かつらいことがあって家《いえ》に帰《かえ》ってきたら、そのときはぜったいに助《たす》けるよということを遠回《とおまわ》しに伝《つた》える……ことはさせてください！

宇野《うの》　それは子《こ》どもに障害《しょうがい》があろうがなかろうが変《か》わらないところですね。

監修担当《かんしゅうたんとう》の宇野《うの》です。いつものようにすべてに目《め》を通《とお》していますが、今回《こんかい》は述《の》べたいことがあり、しゃしゃり出《で》ました。

発達性《はったつせい》ディスレクシアが日本《にほん》で診断評価《しんだんひょうか》され始《はじ》めたのは、20年《ねん》ほど前《まえ》からです。としますと、例外《れいがい》はありますが、現在《げんざい》、30歳代以上《さいだいいじょう》の年齢《ねんれい》の方《かた》たちは、ほとんど客観的《きゃっかんてき》なデータをベースに診断評価《しんだんひょうか》されていないのではないかと考えられます。

その中《なか》で、関口《せきぐち》さんは、偏差値《へんさち》の平均《へいきん》が50くらいの3つの高校《こうこう》でのデータに基《もと》づいた評価《ひょうか》によって、私《わたくし》どもの施設《しせつ》で客観的《きゃっかんてき》に発達性《はったつせい》ディスレクシアと評価《ひょうか》されました。さらにほかの併存障害《へいぞんしょうがい》も見《み》られない、典型的《てんけいてき》な発達性《はったつせい》ディスレクシアのみの例《れい》となります。

以上《いじょう》のような意味《いみ》にて、専門家《せんもんか》の評価《ひょうか》により、本格的《ほんかくてき》に発達性《はったつせい》ディスレクシアと解釈《かいしゃく》された方《かた》の、日本語話者《にほんごわしゃ》における、ほぼはじめての事例報告《じれいほうこく》となるのではないかと思《おも》います。

文字《もじ》が歪《ゆが》んで見《み》えるわけでもない、文字《もじ》が浮《う》かぶわけでもない、かすむわけでもない、ほかの発達障害《はったつしょうがい》の併存《へいぞん》もない、「普通《ふつう》」に見《み》える発達性《はったつせい》ディスレクシアのある方《かた》の現実《げんじつ》を、この本《ほん》を通《とお》してご理解《りかい》いただきたく、思《おも》います。

２０２４年《ねん》10月《がつ》　宇野《うの》　彰《あきら》

フユもナツも社会人《しゃかいじん》になり私《わたし》はいつもそばで支《ささ》える「伴走者《ばんそうしゃ》」ではなくなったかも……
でも、それって実《じつ》はいいことなんじゃないかな
私《わたし》にこの先《さき》できることは読《よ》み書《か》きのこと以外《いがい》でもなにかあればいつでも助《たす》けるよ頼《たよ》ってねと
子《こ》どもたちに声《こえ》をかけ続《つづ》けていくこと遠《とお》くから見守《みまも》ること
…
そして発達性読《はったつせいよ》み書《か》き障害《しょうがい》の「例《れい》」について発信《はっしん》していくこと
一緒《いっしょ》に進《すす》んでいきましょう！

あとがき

この本《ほん》を作《つく》るにあたり、人生《じんせい》でいちばん文字《もじ》を読《よ》んだかもしれない……。読《よ》むことが苦手《にがて》な僕《ぼく》が本《ほん》を出版《しゅっぱん》するなんて、原稿《げんこう》をすべて書《か》き上《あ》げた今《いま》でもまだ信《しん》じられません。1ページ書《か》くのに数時間《すうじかん》、1ページ添削《てんさく》するのに1時間《じかん》。読《よ》み上《あ》げ機能《きのう》を使《つか》うとどうしても微妙《びみょう》なニュアンスを聞《き》き流《なが》してしまうこともあるため、時間《じかん》をかけてじっくり読《よ》み込《こ》みました。

監修《かんしゅう》をしてくださった宇野《うの》先生《せんせい》。ご一緒《いっしょ》させていただいた講演会《こうえんかい》の控《ひか》え室で、「本《ほん》を出《だ》したら」と言《い》ってくださったことで、この企画《きかく》がはじまりました。その場《ば》ですぐ「本《ほん》を出《だ》すならイラスト描《か》きますよ」と申《もう》し出《で》てくださった千葉《ちば》先生《せんせい》、編集《へんしゅう》の山口《やまぐち》さんやポプラ社《しゃ》のみなさまのサポートがあったから、形《かたち》にすることができました。本当《ほんとう》にありがとうございます。

そして、出版《しゅっぱん》に限《かぎ》らずいつもお世話《せわ》になっている職場《しょくば》のみなさま、育休《いくきゅう》を取《と》るきっかけをくれたＮＰＯ《エヌピーオー》法人《ほうじん》ファザーリング・ジャパンのみなさまにもお礼《れい》申《もう》し上《あ》げます。

最後《さいご》に

妻《つま》へ……僕《ぼく》よりもこの本《ほん》をたくさん読《よ》んでくれてありがとう。原稿《げんこう》が真《ま》っ黒《くろ》になるまで添削《てんさく》してくれて嬉《うれ》しかったよ。素直《すなお》な意見《いけん》をこれからも教《おし》えてね。いつもありがとう。

息子《むすこ》へ……この本《ほん》をきみが読《よ》んだら、どう感《かん》じるかな……今《いま》から緊張《きんちょう》するなあ。そのときは、お母《かあ》さんみたいに素直《すなお》な感想《かんそう》を聞《き》かせてね。いつもありがとう。

ここまで読《よ》んでくださった読者《どくしゃ》のみなさん、この本《ほん》がみなさんにとってほんの少《すこ》しでもお役《やく》に立《た》てましたら幸《さいわ》いです。読《よ》み書《か》きが苦手《にがて》な方《かた》がより笑顔《えがお》で過《す》ごせる未来《みらい》に向《む》かって、微力《びりょく》ではありますが、僕《ぼく》も一緒《いっしょ》に走《はし》り続《つづ》けます。

2024年《ねん》10月《がつ》　関口裕昭《せきぐちひろあき》

読み書きが苦手な子を見守るあなたへ
発達性読み書き障害のぼくが父になるまで

2024年11月11日　第 1 刷 発行

構成・編集　山口美生
装丁・DTP　関口菫

著者　関口裕昭
監修　宇野彰
イラスト　千葉リョウコ

発行者　加藤裕樹
編集　浅井四葉
発行所　株式会社 ポプラ社
〒141-8210　東京都品川区西五反田3-5-8　JR目黒MARCビル 12階
一般書ホームページ　www.webasta.jp

印刷・製本　中央精版印刷株式会社

N.D.C.916/159P/21cm/ISBN978-4-591-18380-9

P8008477